Bernhard Körner
GOTT IST DER REDE WERT

Bernhard Körner

GOTT IST DER REDE WERT

Warum es Sinn macht, über Gott nachzudenken

echter

Im Wissen, dass es keine befriedigende Lösung darstellt, werden im vorliegenden Buch die männlichen Formen verwendet. Selbstverständlich sind damit Frauen und Männer gleichermaßen gemeint. Auch das Wort ‚Gott' wird, wie in den meisten Sprachen üblich, männlich verwendet – im Wissen, dass diese letzte Wirklichkeit über der Differenz der Geschlechter steht.

Der Umwelt zuliebe verzichten wir bei diesem Buch auf die Folienverpackung.

Bibliografische Information der Deutschen Nationalbibliothek

Die Deutsche Nationalbibliothek verzeichnet diese Publikation in der Deutschen Nationalbibliografie; detaillierte bibliografische Daten sind im Internet über ‹http://dnb.d-nb.de› abrufbar.

1. Auflage 2022
© 2022 Echter Verlag GmbH, Würzburg
www.echter.de

Umschlag: wunderlichundweigand.de
Umschlagbild: © David-W/photocase.com
Innengestaltung: Crossmediabureau
Druck und Bindung: Pressel, Remshalden

ISBN
978-3-429-05726-8
978-3-429-05204-1 (PDF)

Inhalt

Ein Wort davor 9

Ein kleiner Durchblick 13
    Vernunft und Offenbarung als Wege zu Gott 15
    Religion und/oder Glaube 16
    Wenn Gott zur Wirklichkeit wird 17
    Gott in Kritik und Diskussion 17
    Wie Gott aus dem Blick geraten kann 18
    Gott als vernünftige Überzeugung 19
    Der Gott des christlichen Glaubens 21
    Gott im Spiegel des gelebten Glaubens 21
    Über Gott sprechen – und schweigen 22
    Gott ernsthaft gedacht 22

I.   WENN GOTT ZUR WIRKLICHKEIT WIRD 23

    Madeleine Delbrêl: Gott – das blendende Wunder 24
    Antony Flew: Nicht mehr Atheist 26
    André Frossard: Von Gott überrumpelt 28
    Etty Hillesum: Man muss Gott helfen 29
    Simone Weil: Aus Sorge um die Wahrheit 32
    Holm Tetens: Gott ist denkbar 34
    Karl Rahner: Das Heilige Geheimnis 36
    Gott erfahren – Gott denken 38

II.   GOTT IN KRITIK UND DISKUSSION 41

    „Es gibt wahrscheinlich keinen Gott …" 42
    Universum ohne Anfang – ohne Gott 43
    Gott als überflüssige Hypothese 45
    Evolutionstheorie und Schöpfer-Gott 46
    Kein sinnvolles Sprechen über Gott 48

Gott – Wunschdenken? 50
Der Gottesglaube verstümmelt den Menschen 51
Übel und Leiden – der Fels des Atheismus 53
Skandale der Kirchengeschichte 55

III. WIE GOTT AUS DEM BLICK GERATEN KANN ... 61

Vorstellungen und Begriffe, die das Denken prägen 62
Hineingewoben in die eigene Lebensgeschichte 63
Kosten-Nutzen-Rechnung 64
Die öffentliche Meinung 66
Wenn der Mensch im Mittelpunkt steht 67
Kein Streit um Glaubenssätze 69
Im Konkurrenzkampf der Weltanschauungen 70
Wenn vor allem das Neue zählt 72
Wie wirklich ist die Wirklichkeit? 73

IV. GOTT ALS VERNÜNFTIGE ÜBERZEUGUNG 77

Glaube und Wissen 78
Der Ort des Glaubens 80
Die offene Frage nach Gott 83
Gott ist denkbar 85
Für und gegen Gottesbeweise 86
Naturwissenschaftliche Erkenntnisse und Glaube an Gott 88
An Gott glauben angesichts des Übels 91
Von der Religionskritik lernen 95

V. DER GOTT DES CHRISTLICHEN GLAUBENS 97

Gott erkennen im Kontext der Religion 98
Auf dem Weg zum einen Gott in drei Personen 100
Das christliche Bild von Gott 101
Das große Gottesbuch der Bibel 105
Jesus als Bild Gottes 109
Gott, Vernunft und Glaube 111

VI. WENN GOTT ZUR GELEBTEN RELIGION WIRD .. 115

Gott einen Ort sichern 117
Gott suchen 119

Beten 121
Glaube, der zur Institution wird 123
Gott – politisch 125
Ein Gott und viele Religionen 127

VII. ÜBER GOTT SPRECHEN – UND SCHWEIGEN ... 129

Ein Glaube – (wenigstens) zwei Sprachen 130
Das Sprechen über Gott sein lassen? 132
Worte für den Gott über allen Namen 135
Das Schweigen der Glaubenden 140

VIII. ZUM ABSCHLUSS: GOTT ERNSTHAFT GEDACHT 145

Gott denken – nicht ohne Folgen 146
Eine Überzeugung mit Fragen 151
Gott um seiner selbst willen 154

Anmerkungen 159

Zitierte und verwendete Werke 171

Ein Wort davor

Das vorliegende Buch ist ein kleines Buch über ein großes Thema mit einer unbescheidenen Absicht. Immerhin geht es um – Gott. Über ihn sind in Vergangenheit und Gegenwart unzählige Bücher verfasst worden. Und sie haben unterschiedliche Interessen verfolgt, entsprechende Akzente gesetzt und eine Auswahl getroffen. Und so ist es auch in diesem Fall. Das Buch verfolgt drei Ziele.

Es will – erstens – zeigen, dass *Gott der Rede wert* ist. Das steht in der Geschichte der Menschheit und auch in der Gegenwart meistens außer Zweifel. In unseren Breiten ist das allerdings nicht immer so. In der Öffentlichkeit sind Gott und der Glaube an ihn selten ein Thema – im Unterschied zu Spiritualität, Religion und Kirche. Und das in einer Gesellschaft, die darauf besteht, dass man über alles reden kann und soll. Hat Gott seine Bedeutung verloren? Ist er nicht (mehr) der Rede wert? Dem soll widersprochen werden.

Das Buch will – zweitens – die Überzeugung vertreten, dass man Gott *auf vernünftige Weise* zum Thema machen kann. Dass man für den Glauben an Gott gute Gründe, also Argumente vorbringen kann. Gott ist also nicht Geschmacksache, sondern ein sinnvolles Thema geistiger Auseinandersetzung. In einer Gesellschaft mit unterschiedlichen religiösen Bekenntnissen und weltanschaulichen Standpunkten kann das auch zum Streit führen. Aber nur Extremisten werden dafür eintreten, dass er gewaltsam ausgetragen werden müsse. Andere werden zu bedenken geben, dass ein nachdenklicher Diskurs über Gott allemal eine vernünftige Art und Weise sein kann, Verständnis, Gemeinschaft und Frieden zu stiften.

Wenn man in der Frage nach Gott der Vernunft viel zutraut, dann muss man selbstverständlich auch den Argumenten Raum geben, die gegen den Glauben an Gott vorgebracht werden. Deshalb beschäftigt sich das Buch – drittens – ausführlich mit *Argumenten der Religionskritik*, aber auch mit Erfahrungen, die auf Gott einen Schatten werfen, und Formen des Denkens, die den Zugang zu Gott erschweren oder unmöglich machen. Dabei wird nicht auf alle Aspekte des christlichen Glaubens eingegangen, nicht einmal auf alle Aspekte des christlichen Gottesbildes, sondern allein auf die Frage, was es heißt, wenn jemand – ganz allgemein – an Gott glaubt.

Das soll in acht Abschnitten bedacht werden. Dabei werden nicht alle Themen angeschnitten, die z. B. für einen gläubigen Christen wichtig sind und den ganzen Reichtum seines Glaubens ausmachen. Das Buch beschränkt sich auf einige grundlegende Fragen: Worum geht es, wenn Menschen an Gott glauben? Ist es denkbar, dass Gott existiert? Was kann zu den Einwänden gegen den Glauben an Gott gesagt werden? Kann der Glaube an Gott mit den Ergebnissen der Wissenschaften in Einklang gebracht werden?

Das Buch kann also als eine Art Rechenschaft verstanden werden für diejenigen, die fragen, ob der Glaube an Gott für denkende Menschen heute guten Gewissens möglich ist. Es wendet sich an Menschen, die in ihrem Glauben unsicher geworden sind, aber auch an die, die sich einfach informieren möchten, was über den Glauben an Gott gesagt werden kann. Es ist also kein Buch für die theologische Fachdiskussion, aber es stützt sich auf die Theologie – Fußnoten und Literaturhinweise geben dazu einige Hinweise.

Dass es kein wissenschaftliches Buch ist, heißt auch, dass es versucht, die Dinge in einer einfachen Sprache und auf eine Weise darzustellen, die auch ohne theologische Vorbildung verständlich ist. Das mag manchen riskant erscheinen. Sie befürchten vielleicht eine unzulässige Vereinfachung. Auch in Sachen des Glaubens sind die Dinge nicht immer einfach. Aber es ist einen Versuch wert, denn immerhin ist der christliche Glaube an Gott kein exklusives Recht theologisch Gebildeter. Allerdings kommt das Buch nicht ohne Fußnoten bzw. Endnoten aus. Sie zeigen nicht nur auf, wem der Verfasser bestimmte Überlegungen und Aussagen verdankt, sondern verweisen manchmal auch auf weitere Überlegungen und Autoren – für diejenigen, die einen Gedanken weiterverfolgen wollen. Die Fußnoten geben den Namen des Autors, den (oft gekürzten) Titel und die Seiten des zitierten Werkes an; die vollständigen Angaben über die zitierten Werke finden sich in der Bibliographie am Ende des Buches.

Danken möchte ich vielen, die durch Fragen, Anregungen und Hinweise mir geholfen haben – im persönlichen Gespräch, in Diskussionsrunden, nach einer Predigt ... Namentlich danke ich Sr. Christa Baich, die sich bereit erklärt hat, das Manuskript gegenzulesen. Dabei hat sie nicht nur ihr theologisches Fachwissen zur Geltung gebracht, sondern auch unerbittlich auf eine verständliche Sprache gedrängt. Nicht zuletzt danke ich dem Echter-Verlag für die wie immer sachkundige und sorgfältige Betreuung. Herzlichen Dank!

Ein kleiner Durchblick

Es war am Ufer des Traunsees. Eine Gruppe junger Burschen auf Lager, versammelt zum Abendgebet. Es war bereits dunkel, der See ruhig, der Himmel von Sternen übersät. Und einer der Begleiter erklärte uns, dass wohl etliche Sterne, deren Licht wir jetzt sehen, gar nicht mehr existieren – solange habe das Licht gebraucht, um unsere Erde zu erreichen. Die unvorstellbaren Dimensionen des Alls ... Und das alles Werk Gottes.

Dass sich die Erkenntnisse der Naturwissenschaften und der Glaube an Gott verbinden lassen, ja ergänzen – das war nach dem Ende des kindlichen Weltbildes für einen Jugendlichen eine wertvolle Einsicht. Jahre später im Studium ein anderes Bild. Die Geschichte der Philosophie, die Bibel wissenschaftlich untersucht, intensive Auseinandersetzung mit dem Atheismus – alles hoch interessant. Aber auch verunsichernd für einen, der darauf kaum vorbereitet war und der den Argumenten gegen den Glauben nicht einfach ausweichen wollte. So musste ich mich eines Tages ernsthaft fragen, ob ich noch an Gott glaube. Nachdenken, Bücher, Gespräche. Beruhigend war schon die Einsicht, dass es nicht nur meine Fragen sind, dass andere sie schon gekannt und bedacht haben.

Solches Glauben, Zweifeln und Fragen sind nichts Außergewöhnliches. Vielleicht kann man sagen: Es ist in den Jahrhunderten des neuzeitlichen Denkens und mit der Entwicklung der modernen Wissenschaften für viele Christinnen und Christen zum Schicksal geworden. Viele haben auf unterschiedliche Weise Wege gefunden, wie sie den Glauben an Gott mit einem Weltbild, das die Wissenschaften, ihre Fragen und ihre Erkenntnisse ernst nimmt, verbinden können. Darunter nicht wenige, die bekannte Namen tragen und das moderne Denken geprägt haben. Andere sind vor der Schwelle des Glaubens stehengeblieben, haben aber die Frage nach Gott ein Leben lang ernst genommen.

Und heute? Wie steht es heute um den Glauben an Gott? Das Bild ist verwirrend und eine Antwort nicht gerade einfach. Auch deshalb, weil für viele der Glaube zum Persönlichsten gehört, worüber sie nicht gerne sprechen wollen oder können. Aber es gibt nicht nur persönliche Überzeugungen, sondern auch öffentliche Diskussionen über den Glauben und Gott. Und darüber lässt sich einiges sagen. Weltweit gesehen ist für die meisten Menschen Religion ein mehr oder weniger wichtiger Aspekt des Lebens. In aller Unterschiedlichkeit. Beschränkt man sich – wie es in diesem Buch geschieht – auf Europa, dann wird man feststellen müssen, dass dieser Kontinent nicht nur von seiner christlichen Geschichte, sondern auch von der Aufklärung, der Religionskritik, der Entwicklung der modernen Wissenschaften, aber auch von religionsfeindlicher Politik geprägt ist. Zwar hat man heute den Begriff der Säkularisierung im Sinne einer religionsfreien Gesellschaft zu Recht infrage gestellt und mancherorts sogar von einer Rückkehr der Religion gesprochen, aber das scheint nichts daran zu ändern, dass der Glaube an Gott für viele eher unbedeutend geworden ist – eine Erinnerung, eine Frage, vielleicht eine Möglichkeit, aber auf jeden Fall nicht etwas, was das Leben entscheidend prägt.

Das Stichwort ‚Fundamentalismus' signalisiert eine andere Seite der Religion. Ursprünglich war damit eine religiöse Einstellung gemeint, die nicht bereit gewesen ist, den biblischen Glauben durch wissenschaftliche Einsichten infrage stellen zu lassen.[1] Heute ist der Begriff zum Schlagwort geworden und damit auch ungenau. Er wird immer dann verwendet, wenn man meint, dass jemand engstirnig und unbelehrbar ist, vielleicht sogar zur Intoleranz und zum kämpferischen Fanatismus neigt. Dementsprechend gibt es einen politischen Fundamentalismus, eine fundamentalistische Ausprägung des Atheismus, aber natürlich auch religiösen Fundamentalismus.

Mit den Stichworten, die bereits gefallen sind – Religion, Glaube, Säkularisierung, Atheismus, Fundamentalismus, Aufklärung, Wissenschaften – sind bereits wichtige Begriffe gefallen, die mit Gott als Thema verbunden sind. Aber natürlich längst nicht alle. Und die genannten Begriffe sind zwar gefallen, aber noch nicht geklärt. Genau daran krankt die Diskussion nicht selten, wenn es um Gott,

Glaube und Religion geht. Eine gute bzw. schlechte Voraussetzung, aneinander vorbeizureden. So wird es noch öfter notwendig sein, Klärungen vorzunehmen. Einige sollen bereits an dieser Stelle vorgenommen werden.

Vernunft und Offenbarung als Wege zu Gott

Wenn Menschen beginnen, über Gott nachzudenken, dann stellt sich ihnen unweigerlich die Frage, wie Menschen Gott ‚auf die Spur' kommen. Was bewegt Menschen, von Gott als einer Wirklichkeit zu sprechen? An dieser Stelle ist es nicht möglich, einen umfassenden Blick auf die Geschichte der Religionen zu werfen, ja nicht einmal auf die jüdisch-christliche Religionsgeschichte. Aber schon wenige Beobachtungen zeigen, dass in den theologischen Überlegungen zwei Ausgangspunkte für eine Erkenntnis Gottes genannt werden. Es handelt sich um eine Unterscheidung, die für das vorliegende Buch grundlegend ist.

Auf der einen Seite wird das spontane Staunen, die aufmerksame Wahrnehmung und das Nachdenken über die Wirklichkeit genannt. Das kann viel mit Erfahrung, Intuition und Empfinden zu tun haben, aber auch mit Argumenten und Philosophie. Auf jeden Fall bleibt dieser Weg ganz im Bereich menschlichen Bemühens. Mithilfe ihrer Vernunft versuchen Menschen nicht nur ihre alltäglichen und ihre außergewöhnlichen Erfahrungen zu verstehen, sondern auch eine Antwort auf Fragen zu finden wie: Warum gibt es überhaupt die Wirklichkeit? Was trägt sie? Wohin führt sie? Es ist ein Weg, von dem der große französische Denker Blaise Pascal († 1662) gesagt hat, dass er zum ‚Gott der Philosophen und Gelehrten' führt.[2] In diesem Sinn haben z. B. Philosophen, angefangen von Aristoteles und Plato, aber auch Wissenschaftler wie Albert Einstein und unzählige andere von Gott, einem göttlichen Urgrund oder vom Absoluten gesprochen – allein gestützt auf ihre Erfahrungen mit der Wirklichkeit und ihre Vernunft.

Blaise Pascal hat allerdings auch einen anderen Gott gekannt – er nennt ihn den ‚Gott Abrahams, den Gott Isaaks und den Gott Jakobs' und gleich danach den ‚Gott Jesu Christi'. Er verweist damit auf die Bibel bzw. auf Ereignisse, Erfahrungen und Einsichten in der Geschichte Israels, in denen man ein außergewöhnliches Wirken Gottes erkannte. In der Sprache des christlichen Glaubens werden diese Ereignisse als Offenbarungen im engeren Sinn bezeichnet. Sie bilden das Fundament des religiösen Glaubens und so einen zweiten Ausgangspunkt für die Erkenntnis Gottes.[3]

Religion und/oder Glaube

An dieser Stelle soll eine weitere Unterscheidung vorgenommen werden – die Unterscheidung von Religion und Glaube[4]: Mit dem Begriff Religion werden im Folgenden die praktizierten Religionen bezeichnet, also wie – ausgerichtet auf eine jenseitige bzw. göttliche Wirklichkeit – geglaubt, gebetet, gefeiert und gelebt wird. Demgegenüber wird in diesen Ausführungen der Begriff des Glaubens vor einem christlichen Hintergrund ins Spiel gebracht. Er bezeichnet die Antwort eines Menschen auf die Offenbarung Gottes. Diese Antwort umfasst nach christlichem Verständnis das ganze Leben, aber der Begriff bezeichnet – gewissermaßen als Herzstück – vor allem eine vertrauensvolle Beziehung zu Gott: „Ich glaube an Gott…". Und eben in diesem Sinn einer persönlichen Beziehung zu einem als Person verstandenen Gott wird der Begriff in den weiteren Ausführungen vorrangig verwendet. Dabei soll durchaus zugestanden werden, dass sich Glaube und Religion im konkreten Leben auch vermengen können.

Eine Beziehung zu Gott kann aber auch auf andere Weise ins Spiel kommen. Nicht aufgrund einer Offenbarung, sondern allein auf der Basis von rationalen Argumenten. Man kann z. B. an den ‚unbewegten Beweger' des Aristoteles denken, oder an Bekenntnisse von Naturwissenschaftlern. In diesem Fall könnte man von einem ‚philosophischen Glauben' sprechen. Dieser Begriff wurde vom Philosophen Karl Jaspers († 1969) geprägt, er hat aber bei ihm eine spezielle Bedeutung, die es nahelegt, ihn in unserem Zusammenhang nicht zu verwenden und stattdessen von einer vernünftigen Überzeugung zu sprechen.[5] – Vor dem Hintergrund dieser ersten Klärungen kann jetzt eine kurze Vorschau auf den Inhalt dieses Buches bzw. der einzelnen Abschnitte gegeben werden.

Wenn Gott zur Wirklichkeit wird

Manchmal sieht es in unseren Breiten in der öffentlichen Diskussion so aus, als sei der Atheismus die einzige Alternative, für die sich ein denkender Mensch heute entscheiden könne. Atheismus als Überzeugung, dass eigentlich nichts für Gott und den Glauben an Gott spricht. Zu dieser einseitigen öffentlichen Wahrnehmung gehört auch, dass zwar in den Medien religiöse Themen aufgegriffen werden, dass man aber zumeist an der gesellschaftlich-institutionell wahrnehmbaren Außenseite der Glaubensgemeinschaften bleibt. Wenn es um den Inhalt religiöser Überzeugungen geht, werden die Ausführungen nicht selten wenig differenziert, distanzierter oder ablehnend.

Was religiöse Überzeugungen betrifft, kann man nicht nur auf Texte, sondern auch auf Menschen verweisen, die zum Glauben an Gott gefunden haben – so im ersten Abschnitt dieses Buches. Ihre Ausgangspunkte, Wege, Ziele und die Konsequenzen, die sie aus ihren Erfahrungen gezogen haben, waren unterschiedlich. Aber gemeinsam ist ihnen, dass Gott für sie zur Wirklichkeit geworden ist, und dass sie das – als gebildete und selbstkritische Geister – für der Rede wert gehalten und daher zum Thema gemacht haben.

Diese kurzen biographischen Skizzen bilden schließlich den Anlass für die Formulierung einer These, die die weiteren Ausführungen trägt. Sie lautet: Was den (religiösen oder philosophischen) Glauben an Gott betrifft, kann und muss man unterscheiden zwischen der Art und Weise, wie Menschen zu diesem Glauben gekommen sind, und der Art und Weise, wie man diesen Glauben mit Argumenten begründen kann.[6] Wie ein Mensch – etwas flott formuliert – seinen Gott gefunden hat, das sagt streng logisch nichts darüber aus, ob es ihn gibt oder nicht.

Gott in Kritik und Diskussion

Persönliche Zeugnisse können sehr beeindruckend sein. Aber entsprechen sie der Wirklichkeit? Oder handelt es sich um Täuschungen? Viele, die außergewöhnliche Erfahrungen gemacht und sie mit Gott in Verbindung gebracht haben, stellten und stellen sich selbst diese Frage. An ihr, der Frage nach der Wahrheit kommt man nicht vorbei. Und die Auseinandersetzung mit Einwänden ist gewiss kein schlechter Weg, um auf die Frage nach Gott eine Antwort zu finden. Weil in diesem Zusammenhang oft von Kritik die Rede ist, lohnt sich der Hinweis, dass Kritik nicht unbedingt heißen muss, dass man überall ein Haar in der Suppe findet. Für die weiteren Ausführungen soll vielmehr der Philosoph Immanuel Kant († 1804) maßgeblich sein. Für ihn ist das kritische Denken ein Denken, das den Dingen auf den Grund geht. In diesem Sinn soll auch die Religionskritik verstanden werden, was immer die Kritiker selbst dabei beabsichtigt haben bzw. beabsichtigen.

Der Religionskritik ist der zweite Abschnitt des Buches gewidmet. Eine kritische Sicht der Religion bzw. einiger Entwicklungen in den Religionen ist so alt wie die Religionen selbst. Nicht selten wurde sie im Innenraum der Religionen formuliert. Man denke nur an die Kritik der Propheten im Alten Testament. Aber auch von außen haben sich immer wieder kritische Stimmen gemeldet – vor allem im Gefolge der europäischen Aufklärung. Die Namen sind bekannt: David Hume, Auguste Comte, Ludwig Feuerbach, Friedrich Nietzsche, Siegmund Freud, Rudolf Carnap – um nur einige zu nennen. Man kann sie nicht ignorieren, wenn man über den Glauben an Gott nachdenkt.

Und so ist es auch in der Theologie selbstverständlich, dass man sich mit ihren Einsprüchen auseinandersetzt, dabei aber auch die Kritik infrage stellt und gegebenenfalls widerlegt. So kann sich im besten Fall zeigen, dass es nicht nur um eine Zurückweisung der Einwände gegen den Glauben an Gott geht, sondern dass man von der Kritik auch lernen kann. Auf diese Weise kann die Auseinandersetzung dazu führen, dass man über Gott – wenn es so zu sprechen erlaubt ist – sachgerechter nachdenkt und über ihn weniger missverständlich spricht.

Wie Gott aus dem Blick geraten kann

Einwände gegenüber dem Gottesglauben sind kein Monopol der Philosophie oder der Wissenschaften. Sie finden sich in allen Bereichen der Gesellschaft. Und wenn man sich fragt, was dafür ausschlaggebend ist, dann zeigt sich, dass nicht nur Argumente, sondern unterschiedliche Gründe genannt werden können. Sie reichen von unhinterfragten Denkvoraussetzungen, von Denkweisen, die als selbstverständlich übernommen werden, bis zu biographischen und emotionalen Prägungen, die – nicht selten unbemerkt – die eigene Überzeugung beeinflussen. Diesem Thema ist der dritte Abschnitt des Buches gewidmet.

Dabei ist aber Vorsicht geraten. Man hat religiösen Menschen manchmal unterstellt, dass ihre Überzeugung weniger durch Argumente als durch emotionale Bedürfnisse wie z. B. die Angst vor dem Tod gestützt werden. Das kann der Fall sein. Aber das sagt – erstens – nichts darüber aus, ob Gott existiert oder nicht. Und – zweitens – kann man zu Recht die Frage stellen, ob nicht auch eine atheistische Überzeugung auf Emotionen zurückgeht. Das soll an dieser Stelle nicht weiter diskutiert werden. Aber man sieht sofort, dass es auf dieser Ebene schnell zu unerfreulichen Diskussionen kommen kann, die sich mehr um Personen als um deren Argumente drehen.

Aber es soll um Argumente gehen. Und um das, was sich vielleicht unbemerkt in die Argumente eingeschlichen hat. Das aufzuspüren und die Gedanken davon zu reinigen – darum geht es. Um nur ein Beispiel zu nennen: Manche sagen, dass sie nicht an Gott glauben können. Auf eine Rückfrage hin präzisieren sie ihre Aussage: Sie können sich Gott nicht vorstellen. Sie können Gott-Vater, wie er in der christlichen Ikonographie dargestellt wird, mit ihrem heutigen Weltbild nicht in Beziehung setzen. Die Auskunft, dass Gott und eine allzu menschliche Vorstellung von ihm unterschieden werden müssen, kann weiterhelfen.

Gott als vernünftige Überzeugung

Bei den bisherigen Überlegungen zur Erkennbarkeit Gottes hat der Hinweis auf Argumente eine große Rolle gespielt. Diese Meinung wird allerdings nicht von allen geteilt. Manche ordnen Argumente vor allem der Wissenschaft und einem Leben zu, das sich auf wissenschaftliche Einsichten stützt. Religiöse Überzeugungen liegen ihrer Meinung nach außerhalb des Bereiches vernünftiger

Argumente, sie haben vor allem mit Wunschdenken, Emotionen und Erfahrungen zu tun. Alle, so fügen sie hinzu, können auf diesem weiten Feld ihre eigene Meinung haben. Aber das sei ihre Privatsache. Dafür können sie keinen über das Persönliche hinausgehenden Wahrheitsanspruch erheben, sondern müssen die unterschiedlichen Überzeugungen als gleich wahr (oder gleich falsch) gelten lassen.

Die christliche Tradition ist hier anderer Meinung. Sie erhebt für ihren Glauben an Gott einen Wahrheitsanspruch und geht davon aus, dass dafür Gründe genannt werden können. Und nach einer Geschichte, die nicht nur große denkerische Leistungen, sondern leider auch Intoleranz und Gewalttätigkeit mit sich gebracht hat, muss man darauf hinweisen, dass es möglich ist, feste Überzeugungen mit Toleranz zu verbinden – wie in allen Bereichen des Lebens, so auch in Sachen des Glaubens. Dafür kann man nicht zuletzt Voltaire zitieren, der zu einem Gesprächspartner gesagt haben soll: Ich vertrete überhaupt nicht Ihre Meinung, aber ich werde mich immer dafür einsetzen, dass Sie sie vertreten dürfen.

Überzeugungen mit einem Wahrheitsanspruch – das gilt in der christlichen Tradition auch im Blick auf die grundlegenden Aussagen über Gott, die man allein auf die Vernunft gestützt formulieren kann. Manchmal hat man in diesem Zusammenhang von ‚philosophischer Theologie' gesprochen. Sie ist der Sache nach unverzichtbar, wenn man sich nicht damit begnügen will, die Existenz Gottes zu behaupten, sondern auch sagen will, warum man es behauptet, und was damit gemeint ist.

So beginnt auch im vierten Abschnitt dieses Buches das Nachdenken über Gott mit dem Nachweis, dass die Wirklichkeit nicht mit dem gleichgesetzt werden darf, was beobachtet und gemessen werden kann. Immer bleibt, um nur ein Beispiel zu nennen, die Frage offen, warum es denn überhaupt etwas gibt. Auf diese Weise wird – wie noch gezeigt werden wird – Gott zu einer Denkmöglichkeit. Es kann gezeigt werden, dass Gott kein Widerspruch in sich, sondern eine sinnvolle Möglichkeit ist, für die man gute Gründe vorbringen kann. Das ist der Sinn jener Argumente, die man missverständlich als Gottesbeweise bezeichnet. Alles in allem, so die These, können mithilfe der Vernunft Kriterien für eine verständliche Rede von Gott benannt werden.

Der Gott des christlichen Glaubens

In der christlichen Tradition gibt es nicht nur eine allein auf die Vernunft gestützte Überzeugung von der Existenz Gottes, sondern auch ein Wissen und Sprechen über ihn, das sich auf die Geschichte des Glaubens stützt. Dem ist der fünfte Abschnitt gewidmet.

Wenn einmal die Möglichkeit des Glaubens an Gott auf philosophischem Weg aufgewiesen ist, dann kann der christliche Gottesglaube als eine mögliche Konkretisierung verstanden werden. Diese Konkretisierung ergibt sich nicht zwingend, sondern ist eine Möglichkeit, die durch die christliche Überlieferung mit ihren vielen Stimmen eröffnet wird. Dass nicht alles und jedes, was in seiner zweitausendjährigen Geschichte formuliert worden ist, gleichbedeutend, beachtenswert oder aktuell ist, versteht sich von selbst. Ebenso wird man nicht bestreiten, dass die christliche Gotteslehre schon in der Heiligen Schrift des Alten und Neuen Testamentes und in der darauf aufbauenden Geschichte des Glaubens einen Prozess der Entwicklung durchlaufen hat. Und zugleich wird man zeigen können, dass sie sich in ihren wesentlichen Konturen treu geblieben ist.

Gott im Spiegel des gelebten Glaubens

Wer Gott ist, welches Bild von ihm eine religiöse Überzeugung oder ein Leben bestimmt, das kann man nicht nur in Texten erkunden, sondern auch an Aspekten der gelebten Überzeugung ablesen. Das soll anhand einiger Beispiele im sechsten Abschnitt geschehen. Gott suchen bzw. Gott einen Ort sichern spricht nicht nur von der Größe Gottes und seinem Anders-sein, sondern auch von einer Welt, die für viele über weite Strecken die Wirklichkeit Gottes mehr verdeckt als durchscheinen lässt. Die Praxis des Gebetes unterstreicht den personalen Charakter Gottes.

Auch die Tatsache, dass in einer Glaubensgemeinschaft, z. B. in Kirchen der Glaube an Gott gewissermaßen institutionalisiert wird, verdient Aufmerksamkeit. Ebenso die Frage, wie Gott und Politik zusammenhängen können, sollen – oder eben nicht. Nicht zuletzt soll wenigstens kurz bedacht werden, wie sich der eine Gott und die Vielzahl der Religionen vereinbaren lassen – zumal, wenn der eine Gott als ein Gott mit universalem Anspruch geglaubt und gedacht wird. Solche Überlegungen sollen nicht das Thema des Buches – den Glauben an Gott – ungebührlich ausweiten. Aber sie können verdeutlichen, wie sich Gott in der religiösen Praxis spiegelt bzw. spiegeln kann. Manches, was in dieser kurzen Aufzählung anklingt, lässt Konflikte vermuten und kann Widerspruch provozieren. Aber das ist kein Einwand, sondern eine Einladung zur Klärung.

Über Gott sprechen – und schweigen

Immer schon war eine Frage, wie man über Gott, also über eine Wirklichkeit, die per definitionem die menschliche Fassungskraft übersteigt, sprechen kann. Dieser Frage stellt sich das Buch in seinem siebten Abschnitt. Dabei kommt man nicht umhin, den Agnostizismus zum Thema zu machen, die Überzeugung, dass man von Gott nichts wissen kann. Aber auch dem gegenteiligen Standpunkt muss genügend Aufmerksamkeit geschenkt werden, dem problembewussten Sprechen über Gott in Bildern, Gleichnissen und Metaphern. Schließlich ist noch das Schweigen der Glaubenden zu bedenken. Es muss nicht Ausdruck der Resignation oder der Gleichgültigkeit, sondern kann auch ein Hinweis auf die buchstäblich unfassbare Größe Gottes sein.

Gott ernsthaft gedacht

Das Buch schließt damit, dass drei Themen angesprochen werden. Es widerspricht der Auffassung, dass die philosophische Überzeugung, dass Gott eine Wirklichkeit ist, nur eine folgenlose Spekulation sein kann. Gott ernsthaft denken, ja ihn nur für denkbar halten, führt zu Konsequenzen. Es schließt allerdings auch nicht aus, dass man immer wieder auf Fragen stößt und manche nicht beantworten kann – wenigstens nicht auf der Stelle. Und es muss sich von der Einsicht beunruhigen lassen, dass Gott offensichtlich jenseits aller Kalküle um seiner selbst willen gesucht sein will.

I. WENN GOTT ZUR WIRKLICHKEIT WIRD

Über den Glauben an Gott zu schreiben, kann irreführend sein. Es kann den Eindruck erwecken, dass Gott und der Glaube in erster Linie eine Sache des Denkens sind. Ja, sie sind eine Sache des Denkens – aber sie sind mehr. Gott ist vor allem eine Sache des Lebens und der Erfahrung. Und das wird sichtbar in Lebensgeschichten wie den folgenden. Sie handeln von Menschen, die Gott und den Glauben an ihn gefunden haben, für die Gott zur Wirklichkeit geworden ist. Und die darüber nicht geschwiegen haben. Sie können noch als Zeitgenossen bezeichnet werden – Frauen und Männer der jüngeren Vergangenheit. Sie sind mehr oder weniger bekannt geworden, sei es durch ihre eigenen Schriften, sei es durch Bücher, die über sie geschrieben worden sind. Und sie stehen auch für jene, die ähnliche Erfahrungen gemacht haben, aber verborgen geblieben sind. Sie alle, ob bekannt oder nicht, machen deutlich, dass Gott nicht nur eine große Vergangenheit hat, sondern auch Gegenwart.

Madeleine Delbrêl: Gott – das blendende Wunder

Sie war eine französische Sozialarbeiterin, aber nicht nur das: Madeleine Delbrêl (1904–1964). Lebensbeschreibungen verweisen auf ihre literarische Begabung und ihre einflussreichen religiösen Schriften.[1] Von ihrer Kindheit an war sie ein bewegtes Leben gewohnt. Geboren in Mussidan, musste sie immer wieder mit ihren Eltern siedeln. Eindrucksvoller als die äußere Bewegung war ihr innerer Weg. Sie wurde als Kind getauft und hat die Erstkommunion gefeiert. Später wird sie sagen, sie habe in dieser Zeit wunderbare Menschen kennengelernt, die ihr den christlichen Glauben nahegebracht haben. Dann aber ebenso beeindruckende Persönlichkeiten, die sie davon abgebracht haben. Mit 15 sei sie durch und durch Atheistin gewesen: „Gott ist tot, es lebe der Tod"[2] schreibt sie mit 17 Jahren. Sie beginnt ihr Studium an der Sorbonne, gewinnt einen Literaturpreis, bis sich in ihrem Leben etwas ereignet, das sie als das „blendende Wunder" bezeichnet: Sie entdeckt Gott. In einem Gebet spiegelt sich dieser unerwartete Einschnitt:

„Du lebtest, und ich wusste es nicht. Du hattest mein Herz nach deinem Maß geschaffen, mein Leben, um so lange zu währen wie du, und weil du nicht da warst, erschien mir die ganze Welt als klein und hässlich und unser Schicksal als stumpfsinnig und böse. Als ich erfahren hatte, dass du lebst, habe ich dir dafür gedankt, dass du mich ins Leben gerufen hast, und ich habe dir für das Leben der ganzen Welt gedankt."[3]

Angesichts dieser starken Erfahrung – über die konkreten Umstände gibt sie wenig preis – stellt sich ihr die Frage, welche Gestalt ihr Glaube an Gott bekommen soll. Sie steht im Raum der Katholischen Kirche und denkt zuerst an ein Leben als Karmelitin. Die Radikalität dieser Lebensform scheint der Radikalität ihrer Bekehrung zu entsprechen. Aber das Alter und der schlechte Gesundheitszustand ihrer Eltern hindern sie daran, diesen Schritt sofort zu tun. Und in der Folge wird ihr klar, dass ihr Weg anders verlaufen soll – durchaus mit einer deutlichen religiösen Entscheidung, aber nicht im Kloster, sondern als Sozialarbeiterin.

Mit Freundinnen, die sie aus der Pfadfinderbewegung kennt, zieht sie in eine Industrie-Vorstadt von Paris: Ivry. Dort wollen die jungen Frauen gemeinsam ein religiöses Leben inmitten einer überwältigenden Mehrheit kommunistisch orientierter Arbeiterinnen und Arbeiter führen. Darin sehen sie ihre Berufung. Was das heißt, das hält Madeleine Delbrêl in einem eindrucksvollen Bild fest:

„Die Leidenschaft für Gott wird uns klarmachen, dass unser christliches Leben ein Schreiten zwischen zwei Abgründen ist. Der eine ist der messbare Abgrund der Ablehnung Gottes durch die Welt. Der andere ist der unauslotbare Abgrund des Geheimnisses Gottes."[4]

Dieses unauslotbare Geheimnis Gott ist für Madeleine Delbrêl das Wertvollste ihres Lebens. In Begegnungen mit beeindruckenden Männern und Frauen wurde der Kommunismus für sie zu einer Versuchung. Als sie aber versteht, dass der Atheismus für ihn unverzichtbar ist, ist ihre Entscheidung klar. In einem Vortrag formuliert sie es Jahre später so: „Ich war von Gott überwältigt worden und bin es noch. Es war und ist mir unmöglich, in die eine Schale der Waage Gott zu legen, in die andere alle Güter dieser Welt, mögen es die meinen oder die der ganzen Welt sein."[5] Gott ist und bleibt die alles tragende Gewissheit: „Der Mittelpunkt dieses Lebens, seine Freude, sein tiefster Daseinsgrund, ohne den es eitel erschiene, ist die Gabe unserer selbst an Gott, in Jesus Christus."[6] Das bedeutet nicht Rückzug aus der Gesellschaft. Für sie ist es wichtig, „in dieser Welt, in sie hineinversenkt, als Partikel der Menschheit" zu sein, um dort „Gott einen Ort zu sichern."[7]

Antony Flew: Nicht mehr Atheist

Wer sich für die angelsächsische Philosophie des 20. Jahrhunderts interessiert und dazu noch für ihre Religionskritik, der stößt früher oder später auf den Namen von Antony Flew (1923–2010). Obwohl er Sohn eines Pastors war, wurde er eine der intellektuellen Leitfiguren des Atheismus. Einem breiteren Kreis wurde er vor allem durch seine „Parabel vom unsichtbaren Gärtner" bekannt.[8] Darin versucht Flew zu zeigen, dass Aussagen über Gott genau dadurch ihre Bedeutung verlieren, dass Theologinnen und Theologen sie modifizieren und so versuchen, sie vor Widerlegung zu schützen. Dabei werde Gott zu einer unsichtbaren Wirklichkeit, die sich nicht mehr von einer Wirklichkeit unterscheidet, die es gar nicht gibt.

Die längste Zeit seines Lebens und Wirkens war Flew überzeugt, dass alle Argumente, die zugunsten der Existenz Gottes und des (christlichen) Glaubens vorgebracht werden, nicht leisten können, was sie versprechen. Die Idee Gottes als eines körperlosen allgegenwärtigen Geistes hielt er für in sich widersprüchlich.[9] Es sei unmöglich, mit guten Gründen und intellektuell redlich an Gott zu glauben. In seinem Buch *God and Philosophy* hat er seine Position zusammenfassend dargestellt. Etwa um das Jahr 2004 hat er überraschend bekanntgegeben, dass er sich selbst nicht mehr als Atheist sieht bzw. sehen kann. Er nennt dafür drei Gründe: An erster Stelle waren es die Gesetzmäßigkeiten in der Natur. Sie sind nicht nur eine menschliche Konstruktion, sondern sie können formuliert werden, weil sie der Natur entsprechen. Damit aber könne man der Frage nicht ausweichen, warum das so ist. Ein zweites Argument ergibt sich aus der Entstehung des Lebens – auch hier stellt sich am Ende die Frage, was der Grund dafür gewesen ist, dass menschliches Leben entstanden ist. Und schließlich die Frage, was der Grund dafür ist, dass es überhaupt etwas gibt?

2007 ist schließlich unter Antony Flews Namen ein Buch mit dem Titel *There is a God* erschienen. In zwei Kapiteln skizziert Flew seinen religionsphilosophischen Weg, der ihn dazu gebracht habe, die Leugnung der Existenz Gottes aufzugeben. Dieser Weg vom Atheismus zum Deismus war ein Weg intensiver Auseinandersetzungen mit theologischen Argumenten, in denen sich für ihn immer deutlicher zeigte, dass es möglich ist, Gott widerspruchsfrei zu denken. In seinem Buch stellt Flew diese Argumente vor und übernimmt sie über weite Strecken.

Am Ende steht sein Eingeständnis, dass er die Existenz eines in sich selbst existierenden, unveränderlichen, immateriellen, allmächtigen und allwissenden Seienden annehme. Das für Flew entscheidende Argument ist[10], dass die Annahme eines überweltlichen Geistes (*Spirit*) die einzig sinnvolle Erklärung für den Kosmos sei. Dieser Geist habe das Leben und schließlich in einer langen Evolution auch den Menschen hervorgebracht. Denn das Universum – so wie es ist – bedürfe ‚eines schöpferischen Faktors'. Natürlich ist sich Flew dessen bewusst, dass die Frage des Übels in der Welt eine gewichtige Herausforderung des Glaubens an Gott darstellt und von Kritikern gegen die Existenz Gottes ins Treffen geführt wird. Er lässt sich aber auf dieses Thema nicht weiter ein, sondern besteht nur darauf, dass im Blick auf den Begriff Gottes, den er philosophisch entwickelt hat, die Frage der Existenz Gottes unabhängig sei von der Frage, wie das Böse und das Leiden in der Welt mit Gott vereinbar sind.

Man wird bei Flew nicht – wie z. B. bei Delbrêl – von einer Bekehrung sprechen können, die sein ganzes weiteres Leben verändert hat, eher von einer vorsichtigen Wende und Annäherung an den Gottesglauben in seinem Denken. Aber das ist doch nicht weniger als eine grundlegende Neuorientierung.

André Frossard: Von Gott überrumpelt

Aufsehen erregte 1969 ein Buch mit dem fast reißerischen Titel *Gott existiert. Ich bin ihm begegnet.*[11] In diesem Buch beschreibt der Journalist André Frossard (1915–1995) seine plötzliche Bekehrung zum katholischen Glauben, die sich 1935 ereignet hat. In weiterer Folge war er als Journalist tätig, besonders in der Tageszeitung *Le Figaro*. 1987 wurde er als Mitglied in die Académie Francaise berufen. In seinem Buch beschreibt Frossard sehr ausführlich seine Herkunft und das Gedankengut, das ihn geprägt hat. Es war weit vom christlichen Denken und vom kirchlichen Leben entfernt. Frossard kann darin keinen Anknüpfungspunkt für seine Bekehrung erkennen. Im Rückblick schreibt er:

„Wenn ich es für nötig halte, länger von meiner Kindheit zu sprechen, so wahrlich nicht, um mich mit meinem „Vorleben" interessant zu machen, sondern um eindeutig klarzustellen, dass nichts mich auf das, was mir geschehen ist, vorbereitet hat: Auch die göttliche Liebe handelt frei. Und wenn ich nicht umhinkam, oft in der ersten Person zu sprechen, so deshalb, weil es für mich klar ist – ich wünschte, es gelänge mir, meine Leser ebenso davon zu überzeugen –, dass ich nicht die geringste Rolle bei meiner eigenen Bekehrung gespielt habe."[12]

Was seine Bekehrung betrifft, kann sich Frossard sehr genau an die konkreten Umstände erinnern. Er wollte seinen Freund, mit dem er sich verabredet hatte, bei einer kleinen Kirche des Quartier latin abholen. Als dieser nicht auftaucht, geht Frossard in die Kirche in der Vermutung, dass er dort zu finden sei. Fünf Minuten später verlässt er die Kirche – wie er sagt – „im Besitz einer Freundschaft, die nicht von dieser Erde war."[13] Etwas ausführlicher schreibt er:

„Als ein Skeptiker und Atheist der äußersten Linken war ich eingetreten, und größer noch als mein Skeptizismus und mein Atheismus war meine Gleichgültigkeit gewesen: Mich kümmerten andere Dinge als ein Gott, den zu leugnen mir nicht einmal in den Sinn kam, so sehr schien er mir längst nur mehr auf das Konto der menschlichen Angst und Unwissenheit zu gehören – ich ging wenige Minuten später hinaus als ein ‚katholischer, apostolischer, römischer' Christ, getragen und emporgehoben, immer von neuem ergriffen und fortgerissen von der Woge einer unerschöpflichen Freude."[14]

In diesem Bekehrungs-Erlebnis wird für den Skeptiker und Atheisten als den er sich gesehen hat, Gott zu einer Wirklichkeit. Er taucht in eine neue Wirklichkeit ein. Besser gesagt: Die Wirklichkeit verändert im Licht Gottes ihren Charakter:

„Es ist die Wirklichkeit, es ist die Wahrheit, ich sehe sie vom dunklen Strand aus, wo ich noch festgehalten bin. Es ist eine Ordnung im Universum, und an ihrer Spitze, jenseits dieses funkelnden Nebelschleiers, ist die Evidenz Gottes, die Evidenz, die Gegenwart ist, die Evidenz, die Person ist, die Person dessen, den ich vor einer Sekunde geleugnet habe, den die Christen unseren Vater nennen und dessen milde Güte ich an mir erfahre, eine Milde, die keiner anderen gleicht, die nicht die manchmal mit diesem Namen bezeichnete passive Eigenschaft ist, sondern eine aktive, durchdringende, eine Milde, die alle Gewalt übertrifft, die fähig ist, den härtesten Stein zu zerbrechen und was härter ist als der Stein – das menschliche Herz."[15]

Diese Erkenntnis Gottes ist für Frossard aber keine nüchterne Erkenntnis. Sie ist „begleitet von einer Freude, die nichts anders ist als der Jubel des vom Tod Erretteten, des gerade noch zur rechten Zeit aufgefischten Schiffbrüchigen"[16]. Allerdings erkennt der Gerettete erst jetzt, da er gerettet ist, „in welchem Schlamm ich, ohne es zu wissen, versunken war"[17]. Erst im Licht des Glaubens kann er das ganze Ausmaß der Finsternis ermessen, in der er bisher gelebt hat. Jetzt aber ist ihm „eine neue Familie geschenkt worden: die Kirche, deren Aufgabe es ist, mich dorthin zu führen, wohin ich gehen muss."[18]

Etty Hillesum: Man muss Gott helfen

1981 erscheint in den Niederlanden ein Buch, das in seiner deutschen Übersetzung den Titel *Das denkende Herz der Baracke* trägt. Es ist das Tagebuch einer jungen jüdischen Frau – Etty Hillesum (1914–1943). Als sie dieses Tagebuch 1941 begann, hatte sie ihr

Jusstudium abgeschlossen und studierte Slawistik und Psychologie. In der kurzen Zeit, die in diesem Tagebuch dokumentiert ist, hat sie menschlich und davon untrennbar auch spirituell eine unglaubliche Entwicklung durchgemacht. Hillesum war früh klar, dass es nach der Besetzung der Niederlande durch die Nationalsozialisten für die Juden auf Leben und Tod ging. Aber ausgerechnet inmitten dieser widrigen Umstände hat sie zu einer tiefen Gotteserfahrung gefunden. Am 7. September 1943 wird sie mit ihrer Familie nach Auschwitz deportiert, und dort verliert sich ihre Spur. Einige wenige Fragmente aus ihren Tagebüchern geben einen Einblick in ihre unkonventionellen Gedanken über Gott und ein Leben mit ihm:

> „Ich will dir helfen, Gott, dass du mich nicht verlässt, aber ich kann mich von vornherein für nichts verbürgen. Nur dies eine wird mir immer deutlicher: dass du uns nicht helfen kannst, sondern dass wir dir helfen müssen, und dadurch helfen wir uns letzten Endes selbst. Es ist das Einzige, auf das es ankommt: ein Stück von dir in uns selbst zu retten, Gott. Und vielleicht können wir mithelfen, dich in den gequälten Herzen der anderen Menschen auferstehen zu lassen."[19]

Gott wird von Etty Hillesum im Chaos der Unmenschlichkeit als hilflos erfahren. Er könne nicht helfen. Das haben auch andere erfahren und sie haben bedacht, wie Gott gedacht werden muss, wenn es sich so verhält. Hillesum verfolgt einen anderen Gedanken. Sie zieht aus ihrer Erkenntnis den Schluss, „dass wir dir helfen müssen". Sie wechselt gewissermaßen die Seite: Es komme auf uns an, dass Gott bleiben und helfen kann – „Ich will dir helfen Gott, dass du mich nicht verlässt..." Und so hofft sie, dass Gott durch ihre Mithilfe auch „in den gequälten Herzen der anderen Menschen" auferstehen könne.

Den naheliegenden Gedanken, dass seine Hilflosigkeit gegen Gott spricht, teilt Hillesum nicht. Für sie wird die Unmenschlichkeit, das Übel und das Leid auch nicht zum Anlass, Gott anzuklagen:

> „Ja, mein Gott, an den Umständen scheinst auch du nicht viel ändern zu können, sie gehören nun mal zu diesem Leben. Ich fordere

keine Rechenschaft von dir, du wirst uns später zur Rechenschaft ziehen. Und mit fast jedem Herzschlag wird mir klarer, dass du uns nicht helfen kannst, sondern dass wir dir helfen müssen und deinen Wohnsitz in unserem Inneren bis zum Letzten verteidigen müssen."[20]

Etty Hillesum denkt Gott groß in seiner Göttlichkeit. Nicht nur, dass sie Gott nicht zur Rechenschaft ziehen will, sie weiß, dass sie Gott Rechenschaft schuldet. Und sie versteht offensichtlich nicht, dass es etwas Wichtigeres geben könne, als Gott in Sicherheit zu bringen und zu bewahren „Es gibt Leute, es gibt sie tatsächlich, die im letzten Augenblick ihre Staubsauger und ihr silbernes Besteck in Sicherheit bringen, statt dich zu bewahren, mein Gott."[21]

Etty Hillesum formuliert ihre Überlegungen aber nicht in sicherer Distanz zum Leben. Wie sollte sie auch?! Was sie sagt, ist Teil eines Gebetes:

„Ich werde allmählich wieder ruhiger, mein Gott, durch dieses Gespräch mit dir. Ich werde in der nächsten Zukunft noch sehr viele Gespräche mit dir führen und dich auf diese Weise hindern, mich zu verlassen. Du wirst wohl auch karge Zeiten in mir erleben, mein Gott, in denen mein Glaube dich nicht so kräftig nährt, aber glaube mir, ich werde weiter für dich wirken und dir treu bleiben und dich nicht aus meinem Inneren verjagen."[22]

Das Schicksal und der geistliche Weg dieser jungen jüdischen Frau sind erstaunlich. Obwohl sich Berührungspunkte mit dem Judentum und dem Christentum benennen lassen, ist sie ihren religiösen Weg außerhalb aller religiösen Gemeinschaften gegangen. Und in vergleichsweise kurzer Zeit hat sich ihre Vorstellung von Gott deutlich verändert.[23] Anfangs ist es noch nicht klar, wofür in ihren Aufzeichnungen das Wort ‚Gott' steht. An manchen Stellen bekommt man den Eindruck, dass es eine Redeweise ist ohne Bezug zu einer klar umrissenen Wirklichkeit, dann wieder bezeichnet sie damit das Innerste des menschlichen Wesens. Schließlich aber werden die Konturen deutlicher und Gott wird zu einem Gegenüber, einem Du, mit dem sie eine persönliche Beziehung eingehen und zu dem sie beten kann.

Simone Weil: Aus Sorge um die Wahrheit

Wer sich mit dem Leben der französischen Philosophin Simone Weil (1909–1943) befasst, wird kaum umhinkommen, ihr religiöses Leben als ein Leben an der Schwelle zu bezeichnen.[24] Über weite Strecken war ihr Ort die Grenze. Geboren 1909 in Paris, studierte sie Philosophie und wurde dabei geprägt von ihrem Lehrer Émile Chartier (genannt Alain). Nach dem Studium beginnt sie als Lehrerin. Zugleich engagiert sie sich in der Gewerkschaft, geht in die Fabrik und nimmt als überzeugte Pazifistin am Spanischen Bürgerkrieg teil. Im Zweiten Weltkrieg engagiert sie sich im Widerstand gegen Hitler und bereitet sich in England auf einen Partisaneneinsatz in Frankreich vor. Bevor es noch dazu kommt, stirbt sie 1943 an Tuberkulose und Unterernährung.

1941 lernt sie in Marseille den Dominikanerpater Jean-Marie Perrin kennen. Dem Briefwechsel mit ihm kann man entnehmen, dass sie, die aus einem liberalen jüdischen Haus stammt, außerordentliche, wohl mystische Erfahrungen im christlichen Glauben gemacht hat. In einem Brief an P. Perrin schreibt sie zuerst von einer Erfahrung in einem portugiesischen Fischerdorf:

„In dieser Gemütsverfassung, und in einem körperlich elenden Zustand, betrat ich eines Abends jenes kleine portugiesische Dorf, das ach! auch recht elend war; allein, bei Vollmond, eben am Tage des Patronatsfestes. Es war am Ufer des Meeres. Die Frauen der Fischer zogen, mit Kerzen in den Händen, in einer Prozession um die Boote und sangen gewiß sehr altüberlieferte Gesänge, von einer herzzerreißenden Traurigkeit. Nichts kann davon eine rechte Vorstellung vermitteln. Niemals habe ich etwas so Ergreifendes gehört, außer dem Gesang der Wolgaschlepper. Dort hatte ich plötzlich die Gewißheit, daß das Christentum vorzüglich die Religion der Sklaven ist, und daß die Sklaven nicht anders können als ihm anhängen, und ich unter den übrigen."[25]

Sie fährt fort mit einem Aufenthalt in Assisi:

„Im Jahre 1937 verbrachte ich zwei wunderbare Tage in Assisi. Als ich dort in der kleinen romanischen Kapelle aus dem zwölften Jahrhundert von Santa Maria degli Angeli, diesem unvergleichlichen

Wunder an Reinheit, wo der heilige Franziskus so oft gebetet hat, allein war, zwang mich etwas, das stärker war als ich selbst, mich zum erstenmal in meinem Leben auf die Knie zu werfen."[26]

Schließlich kommt sie auf einen Aufenthalt in der Benediktinerabtei Solesmes zu sprechen:

„Im Jahre 1938 verbrachte ich zehn Tage in Solesmes, von Palmsonntag bis Osterdienstag, und wohnte allen Gottesdiensten bei. Ich hatte bohrende Kopfschmerzen; jeder Ton schmerzte mich wie ein Schlag; und da erlaubte mir eine äußerste Anstrengung die Aufmerksamkeit, aus diesem elenden Fleisch herauszutreten, es in seinen Winkel hingekauert allein leiden zu lassen und in der unerhörten Schönheit der Gesänge und Worte eine reine und vollkommene Freude zu finden."[27]

Von einem jungen katholischen Engländer wird sie auf ein Gedicht aufmerksam gemacht, das sie in weiterer Folge immer wieder vor sich hersagt. Das führt sie zu einer außergewöhnlichen Erfahrung:

„Ich glaubte, nur ein schönes Gedicht zu sprechen, aber dieses Sprechen hatte, ohne daß ich es wußte, die Kraft eines Gebetes. Einmal, während ich es sprach, ist, wie ich Ihnen schon geschrieben habe, Christus selbst herniedergestiegen und hat mich ergriffen."[28]

Im gleichen Brief an P. Perrin reflektiert sie ihre Erfahrungen und macht deutlich, wie unerwartet für sie diese Erfahrungen gewesen sind:

„In meinen Überlegungen über die Unlösbarkeit des Gottesproblems hatte ich diese Möglichkeit nicht vorausgesehen: die einer wirklichen Berührung, von Person zu Person, hienieden, zwischen dem menschlichen Wesen und Gott. Ich hatte wohl unbestimmt von dergleichen reden hören, aber ich hatte es niemals geglaubt. In den *Fioretti* waren mir die Geschichten von Erscheinungen eher zuwider, ebenso wie die Wunder im Evangelium."[29]

Und sie fügt hinzu: „Im übrigen waren an dieser meiner plötzlichen Übermächtigung durch Christus weder Sinne noch Einbildungskraft im geringsten beteiligt; ich empfand nur durch das Leiden hindurch die Gegenwart einer Liebe gleich jener, die man in dem Lächeln eines geliebten Antlitzes liest."[30] Diese Erfahrungen waren für sie grundlegend – so sehr, dass sie an den von ihr so geschätzten Pater Perrin schreibt: „Sie haben mir weder den christlichen Geist noch Christus gebracht"[31]. Zugleich beteuert sie, wie sehr sie sich in seiner Schuld weiß. Aber die tiefsten Einsichten in den christlichen Glauben verdankt sie nicht ihm, sondern ihren mystischen Erfahrungen. Sie haben ihr den Zugang zum „Reich der Wahrheit"[32] eröffnet.

Dass sie sich entscheidet, die Grenze in die Katholische Kirche nicht zu überschreiten, hat nichts mit Unsicherheit oder Halbherzigkeit zu tun. Es entspringt dem starken Gefühl, „daß wir der religiösen Wahrheit sehr viel mehr schulden als die Zustimmung, die man einer schönen Dichtung gewährt, eine Zustimmung von sehr viel kategorischerer Art."[33] Auch wenn sie sich nicht – wie Pater Perrin insgeheim hofft – taufen lässt, so hat sie die Begegnung mit ihm „gezwungen, dem Glauben, den Dogmen und den Sakramenten lange Zeit, aus nächster Nähe, mit der Fülle der Aufmerksamkeit, ins Angesicht zu schauen"[34]. Im Gespräch mit dem Dominikaner versteht sie das eigentliche Gewicht des Glaubens. Aber es bleibt ein „unübersteigbares Hindernis"[35]: das *anathema*, die Verurteilung dessen, was von der im Dogma ausformulierten Lehre abweicht. Für Simone Weil ist mit Gott auch die Wahrheit zum Schicksal geworden. Beide gehören zusammen. Und ihre Einsicht in die Wahrheit führt sie an eine Grenze, auf der sie bleibt.

Holm Tetens: Gott ist denkbar

„Gott denken" – so lautet der unaufgeregte Titel eines kleinen Buches von Holm Tetens (*1948), Professor für theoretische Philosophie in Berlin. Bevor dieses Buch 2015 erschienen ist, hat man Tetens eher als Vertreter eines atheistischen Naturalismus wahrgenommen, und für ihn ist der Naturalismus „heuzutrage der gewichtigste Widersacher eines Gottesglaubens"[36]. Aber der Naturalismus, also die Lehre, dass sich ausnahmslos alles, auch der menschliche Geist natürlich erklären lässt, ist für Tetens heute alles andere als eine gut begründete Lehre. Und in den entscheidenden Fragen des Lebens lasse er die Menschen allein.

Was Gott betrifft, geht Tetens von der Erfahrung des ‚begrenzten menschlichen Geistes' aus. Er mache es möglich, auch den Begriff des ‚unbegrenzten Geistes' zu bilden. Das sei widerspruchsfrei denkbar: „Es gibt Gott als unendliches vernünftiges Ich-Subjekt; und Gott schafft insbesondere uns Menschen als vernunftfähige endliche Ich-Subjekte."[37] Das ist für ihn „die Kernthese des theistischen Idealismus"[38], wie er seinen neu gewonnenen philosophischen Standpunkt bezeichnet.

Die Frage nach Gott spitzt sich zu, wenn es um Erlösung geht. Dass die Welt, die wir erleben, eine der Erlösung bedürftige Wirklichkeit ist, steht für ihn außer Zweifel. Der Wert eines naturalistischen oder theistischen Standpunktes bemisst sich nicht zuletzt daran, was er dazu zu sagen hat. Und so stellt Tetens die Frage: „Wie vernünftig ist es, in seinem Leben auf eine Erlösung von den Übeln und Leiden in der Welt durch Gott zu hoffen?" Und ganz in der Perspektive seines Buches heißt das: „Ist Gott, so wie es oben definiert wurde, als ein Erlösergott denkbar?"[39]

Die Antwort ist für Tetens klar: „Es kann nur Gott sein, der diese Chance zur Versöhnung zwischen den Menschen über den Tod hinaus offenhält. Gott gibt nichts und niemanden selbst über den Tod hinaus verloren. Das definiert ihn als Erlösergott. In den Worten Whiteheads ausgedrückt ist Gott als Erlöser der Gott ‚einer zärtlichen Fürsorge dafür, dass nichts verloren geht'"[40].

Und auch wenn man die für Glaubende schwierigste Frage ins Spiel bringt, dann muss gesagt werden, dass auch das Problem, wie ein guter und allmächtiger Gott so viel Übel und Leid zulassen kann, „die Gewichte nicht zugunsten des Naturalismus" verschiebt.[41] Im Gegenteil: „In naturalistischer Perspektive müssen sehr viele moralische Übel ungesühnt und Täter und Opfer unversöhnt bleiben, und zwar endgültig, weil Täter oder Opfer bereits gestorben sind und der Tod naturalistisch als endgültiges Ende einer Person zu gelten hat."[42]

Tetens geht es in diesem Buch nicht darum, die Existenz Gottes zu beweisen, sondern zu zeigen, dass man Gott denken, und zwar widerspruchsfrei denken kann. Also: Gott ist nicht widersinnig und der Glaube an ihn nicht unvernünftig. Sich mit Gott zu beschäftigen hält er für entscheidend. Und so wendet er sich gegen ein Schweigen über Gott, das er nicht zuletzt in seinem Fach, der Philosophie feststellt. Und er fügt hinzu: „Um die Philosophie wird es erst dann wieder besser bestellt sein als gegenwärtig, wenn Philosophen mindestens so gründlich, so hartnäckig und so scharfsinnig über den Satz ‚Wir Menschen sind Geschöpfe des gerechten und gnädigen Gottes, der vorbehaltlos unser Heil will' und seine Konsequenzen nachdenken, wie Philosophen zur Zeit pausenlos über den Satz ‚Wir Menschen sind nichts anderes als ein Stück hochkompliziert organisierter Materie in einer rein materiellen Welt' und seine Konsequenzen nachzudenken bereit sind."[43]

Was das Buch von Tetens betrifft, wird man – ähnlich wie bei Antony Flew – von einer vorsichtigen, denkerischen Annäherung sprechen und nicht von einer religiösen Umkehr. Aber das war den Verfasser auf jeden Fall der Rede wert.

Karl Rahner: Das Heilige Geheimnis

Nichts deutet darauf hin, dass hinter dem Eintritt des gebürtigen Freiburgers Karl Rahner (1904–1984) in den Jesuiten-Orden außergewöhnliche Erfahrungen stehen. Wie viele andere hat er sich in einem katholischen Umfeld dazu entschlossen, sein Leben dem Dienst am Glauben zu widmen. Vom Orden für die universitäre Laufbahn bestimmt, hat sich Rahner einer breiten Palette von Fragen zugewendet. Davon legen seine *Schriften zur Theologie* beredt Zeugnis ab. Aber es gibt unübersehbare Hinweise, dass sein eigentliches Thema – Gott war. Ihm ist er ein Leben lang auf der Spur geblieben, um ihn hat er gerungen. Was man bei Rahner finden kann, ist nicht eine sein Leben umstürzende Bekehrung, sondern sein lebenslanges Bemühen, mit den Anfragen an den Gottesglauben redlich zurande zu kommen.

In einem Beitrag „Über die Möglichkeit des Glaubens heute" spricht er Gott als die Mitte eines christlichen Lebens an. Was das Christentum sagt, sei ja vor allem eines: „Das Geheimnis bleibt ewig Geheimnis, dieses Geheimnis will sich aber als das Unendliche, Unbegreifliche, als das Unsagbare, Gott genannt, als sich schenkende Nähe in absoluter Selbstmitteilung dem menschlichen Geist mitten in der Erfahrung seiner endlichen Leere mitteilen..."[44]

In allen seinen Reflexionen wollte Rahner den Glauben an Gott so zur Sprache bringen, dass er auch der Kritik standhält. Das hat er mit einem von Thomas von Aquin und Immanuel Kant geprägten Denken getan. Es hat ihm ermöglicht, von der Erkennbarkeit Gottes zu sprechen und zugleich Gott von allen anderen Gegenständen menschlicher Erkenntnis zu unterscheiden. Gott ist kein Gegenstand, obwohl wir über ihn nicht anders sprechen können als über einen Gegenstand:

„Gott meint das schweigende Geheimnis, absolut, unbedingt und unbegreiflich. Gott meint den Horizont in unendlicher Ferne ... Dieser Horizont bleibt noch in ebensolcher Ferne schweigend bestehen, wenn alles Begreifen und alles Handeln, die auf ihn bezogen sind, sich totgelaufen haben. Gott meint den unbedingten, aber bedingenden Grund, der in eben dieser ewigen Unergreifbarkeit das heilige Geheimnis ist."[45]

Diese Sicht ermöglicht ihm eine unerschrockene Auseinandersetzung mit dem naturwissenschaftlichen Denken: „Wenn jemand feststellt, Gott komme im Bereich der Naturwissenschaft und in der von ihr manipulierten Welt nicht vor, ... dann widerspricht diesen Behauptungen der an Gott Glaubende nicht. Gott darf nicht als Lückenbüßer oder als Hilfskonstruktion benutzt werden."[46]

Aber so theoretisch das klingt, es ist für Rahner nicht nur Theorie, sondern existenzielle Erfahrung. Kaum einmal ist das so bewegend zum Ausdruck gekommen wie in seinem letzten Vortrag wenige Wochen vor seinem Sterben in seiner Heimatstadt Freiburg:

Tastend spricht er davon, „daß diese ungeheure schweigende Leere, die wir als Tod empfinden, in Wahrheit erfüllt ist von dem Urgeheimnis, das wir Gott nennen, von seinem reinen Licht und seiner alles nehmenden und alles schenkenden Liebe, und wenn uns dann auch noch aus diesem weiselosen Geheimnis doch das Antlitz Jesu, des Gebenedeiten erscheint und uns anblickt..., dann, dann so ungefähr möchte ich nicht eigentlich beschreiben, was kommt, aber doch stammelnd andeuten, wie einer vorläufig das Kommende erwarten kann..."[47]

Gott erfahren – Gott denken

Es gibt also Erfahrungen, die Menschen zum Glauben an Gott geführt haben. Bei solchen Wendungen in der Lebensgeschichte eines Menschen wird besonders deutlich sichtbar, was religiöser Glaube ist. Wie die biographischen Skizzen zeigen, ist er nicht ein einzelner Aspekt des Lebens, sondern eine neue Ausrichtung des ganzen Lebens. Sein entscheidender Bezugspunkt ist die Wirklichkeit, die mit dem Wort Gott mehr angedeutet als beschrieben wird. Er ist eine Wirklichkeit, die jenseits unserer alltäglichen Erkenntnismöglichkeiten liegt, sich aber doch aufdrängen und für Menschen zu einer überzeugenden Wirklichkeit werden kann, ja zu einem ‚blendenden Wunder' (Madeleine Delbrêl).

Die Erkenntnis Gottes kann eine längere Geschichte des Suchens und Findens sein, wie es z. B. bei Madeleine Delbrêl zu beobachten ist, aber auch eine blitzartige Einsicht von einem Augenblick zum nächsten wie bei André Frossard. Bei manchen wird deutlich, dass sie bewusst nach Gott gesucht haben, bei anderen muss man sagen, dass sich ihnen die Erkenntnis Gottes gegen ihren Willen aufgedrängt, ja sie überrumpelt hat.

Was den biographischen Rahmen betrifft, fällt auf, dass der Glaube nicht zuletzt deshalb von Frauen und Männern als Wunder wahrgenommen wird, weil er für sie in einer weltanschaulichen Großwetterlage zum Durchbruch gekommen ist, die nicht selten atheistisch, auf jeden Fall für den Glauben nicht besonders günstig war bzw. ist. Besonders eindrucksvoll ist diesbezüglich der Glaubensweg von Etty Hillesum angesichts ihrer Gewissheit, dass sie als Jüdin im Regime der Nationalsozialisten umkommen wird.

Was schlussendlich für den Glauben an Gott ausschlaggebend gewesen ist, wird in den meisten Lebensgeschichten nicht besonders deutlich. Die Zurückhaltung, die die Darstellungen charakterisiert, ist mehr als verständlich. Der Glaube gehört zum Persönlichsten eines Menschen. Die Andeutungen ergeben eine große Bandbreite, die von religiösen Erfahrungen (Simone Weil) bis zu philosophischen Argumenten (Antony Flew, Holm Tetens) reicht. Apropos philosophische Argumente. Man wird zu Recht voraussetzen können, dass das persönliche Nachdenken in den vorgestellten Lebens- bzw. Bekehrungsgeschichten eine Rolle gespielt hat. Besonders eindrucksvoll ist das bei Simone Weil zu erkennen, die im Blick auf die katholische Ausprägung des Glaubens mit sich und ihrem Gesprächspartner, dem Dominikanerpater Perrin ringt. Und der Theologe Karl Rahner ist ein gutes Beispiel dafür, dass auch für gläubige Menschen die intellektuelle Selbstvergewisserung des Glaubens eine lebenslange Aufgabe sein kann.

Was schließlich bei der Schilderung einer Bekehrung naturgemäß nicht so deutlich wird, wohl aber im Blick auf das weitere Leben der Betroffenen: Glaube ist nicht ein punktuelle Ereignis, sondern eine Lebensgeschichte. Er ist Leben unter einem neuen Vorzeichen. Und wie alles Leben kennt er ein Auf und Ab, Begeisterung und Müdigkeit, Entschiedenheit und Zweifel.

Erfahrungen, die Menschen zum Glauben an Gott geführt haben, sind persönliche Erfahrungen. Sie führen auch nicht immer – wie es die Beispiele vielleicht vermuten lassen – zum Gott der Christinnen und Christen oder zum Gott der monotheistischen Religionen. Und es gibt natürlich auch Erfahrungen, die Menschen nicht zu Gott finden lassen oder vom Glauben abbringen. Wo sie aber zum Glauben an Gott führen, sind es Erfahrungen, die im besten Sinn des Wortes zu denken geben. Für nicht wenige sind diese Erfahrungen so überzeugend gewesen, dass sie dadurch ihr ganzes Leben bestimmen ließen – in einer Glaubensgemeinschaft oder außerhalb konfessioneller Bindungen.

Aber diese Erfahrungen können auch Fragen anstoßen – bei denen, die sie gemacht haben, und erst recht bei denen, die davon gehört haben. Gerade deshalb, weil es nicht alltägliche, sondern außergewöhnliche Erfahrungen sind. Im Letzten ist es vor allem eine Frage: Ist das, was als Wirklichkeit Gottes erfahren worden ist, auch tatsächlich eine Wirklichkeit? Und welcher Art ist diese Wirklichkeit?

Einwände liegen auf der Hand und gehören zum Standardrepertoire der Religionskritik: Was als Erfahrung Gottes wahrgenommen wird, das sei ein Produkt der Phantasie, eine Illusion ohne Wirklichkeitsgehalt. Es seien Erlebnisse und Vorstellungen, die durch Grenzerfahrungen, Angst, Wunschdenken und Täuschungen hervorgerufen worden sind.

Solche Einwände verdienen zweifelsohne Beachtung. Und tatsächlich haben sich Menschen, die, wie z. B. Mystikerinnen und

Mystiker, außergewöhnliche Erfahrungen gemacht haben, meistens selbst kritische Fragen gestellt. Sie begleiten die Geschichte des christlichen Glaubens seit den ersten Jahrhunderten und haben wesentlich dazu beigetragen, dass auch im Glauben der Vernunft Raum gegeben worden ist. Und so hat sich eine reflektierte Auseinandersetzung mit dem Glauben ausgebildet, der der Name Theologie gegeben worden ist. Vor allem in der Auseinandersetzung mit den Gebildeten wollten die Christen nicht nur glauben, sondern ihren Glauben auch verstehen, gegen Einwände behaupten und gegebenenfalls verteidigen. Nicht zu Unrecht hat man darauf hingewiesen, dass die Christen in der Begegnung mit der hellenistischen Geisteswelt daher nicht bei der griechischen Mythologie angeknüpft, sondern sich für die kritische Philosophie als Gesprächspartnerin entschieden haben. Man war nicht an Homer oder Hesiod interessiert, sondern an Plato und Aristoteles.

II. GOTT IN KRITIK UND DISKUSSION

Persönliche Erfahrungen und Überzeugungen, die Menschen mit Gott in Verbindung bringen, sind das eine. Das andere ist die Frage, was sie wirklich über Gott aussagen. Da gehen die Meinungen auseinander. Und das ganz grundsätzlich. Die Religionskritik im Gefolge der Aufklärung und in Verbindung mit der Entwicklung der modernen Naturwissenschaften steht für die eine Seite. Die Theologie für die andere. Auf jeden Fall kann man heute im Glauben und in der Theologie nicht mehr so tun, als gäbe es keine Kritik an Gott und dem Glauben an ihn.

„Es gibt wahrscheinlich keinen Gott..."

Mit dieser Auskunft haben Aktivisten für den Atheismus geworben. Die Bilder mit den englischen Autobussen sind um die Welt gegangen: *There's probably no God. Now stop worrying and enjoy your life.* Immerhin: Sie haben nicht behauptet, dass es keinen Gott gibt, sondern nur, dass es wahrscheinlich keinen Gott gibt. Sie haben vielleicht verstanden, dass auch der Atheismus nicht beweisbar, dass er keine notwendige Schlussfolgerung aus gesicherten Erkenntnissen ist. Aber der Werbespruch lässt auch erkennen, dass Gott als Einschränkung der Lebensfreude verstanden wird. Das Gegenteil, dass Gott für viele Grund zu Freude und Dankbarkeit ist, kommt erst gar nicht in den Blick. Es gilt, sich von Gott zu befreien.

Diese Sicht Gottes mag seinen Grund in einer bestimmten Art von religiöser Erziehung und Praxis haben und so verständlich sein. Aber sie bleibt einseitig. Friedrich Nietzsche († 1900), der sich selbst gewiss nicht als Vertreter des Christentums verstanden hat, sah es jedenfalls differenzierter. In seinem Werk *Die fröhliche Wissenschaft* war für ihn die Botschaft des ‚tollen Menschen', dass Gott tot sei, eine Botschaft der Befreiung. Aber eben nicht nur. Fast erschrocken fragt er:

„Aber wie haben wir dies gemacht? Wie vermochten wir das Meer auszutrinken? Wer gab uns den Schwamm, um den ganzen Horizont wegzuwischen? Was taten wir als wir diese Erde von ihrer Sonne losketteten? ... Stürzen wir nicht fortwährend? ... Irren wir nicht wie durch ein unendliches Nichts? Haucht uns nicht der leere Raum an? Ist es nicht kälter geworden? Kommt nicht immerfort die Nacht und mehr Nacht?"[1]

Das ist die Einsicht eines kämpferischen Kritikers der Religion, der aber zugleich ein großer Denker gewesen ist. Gott verlieren, ist nicht unbedingt eine Befreiung oder Erleichterung, sondern auch ein Verlust. Das kann im Blick auf das persönliche Leben gesagt werden, aber auch für das geistige Leben einer Gesellschaft. Und es gilt auch dann, wenn es Einzelne – vielleicht im ersten Augenblick – nicht so wahrnehmen. Damit sollte klar sein, dass im Für und Wider der Argumente zum Thema Gott etwas auf dem Spiel steht. So sollen im Folgenden Positionen vorgestellt werden, die Gott und seine Notwendigkeit bestreiten. Ihnen werden kritische Fragen entgegengestellt[2], die aber durch Argumente ergänzt werden müssen, die für die Existenz Gottes und die Möglichkeit des Glauben im vierten Abschnitt dargelegt werden.

Universum ohne Anfang – ohne Gott

Es sind nicht nur Werbesprüche, mit denen man sich auseinandersetzen muss, wenn es um Gott geht. Argumente können schon mehr zu schaffen machen, zumal wenn sie von der Seite der Naturwissenschaften kommen. So z. B. Argumente des Astrophysikers und Nobelpreisträgers Stephen Hawking († 2018). Auf unpolemische und über weite Strecken vorsichtige Weise hat er die Ansicht vertreten, dass man die Existenz des Universums auch ohne Gott erklären könne. Dafür stützt er sich auf seine Kompetenz in der Theoretischen Physik. In seinem letzten Buch *Kurze Antworten auf große Fragen* befasst er sich gleich im ersten Kapitel mit der Frage, ob es Gott gibt. Und er formuliert seine These: „Ich denke, das Universum ist spontan aus nichts entstanden, aber ganz in Übereinstimmung mit den Naturgesetzen."[3] Mit anderen Worten: Es braucht nicht die Annahme Gottes, um die Existenz des Universums zu erklären.

Zur Begründung verweist Hawking auf die Einsicht, dass es Zeit nur innerhalb des Universums gibt – also erst nach dem Urknall. Als Ausgangspunkt für den Urknall müsse man sich „ein unvorstellbar kleines und unvorstellbar dichtes Schwarzes Loch"[4] vorstellen, in dem es noch keine Zeit gegeben hat. Wenn es aber keine Zeit gegeben hat, dann kann es auch keine Ursache gegeben haben, denn Ursachen wirken in zeitlicher Abfolge. Und so stellt Hawking fest: Mit dem Schwarzen Loch „haben wir endlich etwas gefunden, was keine Ursache hat, weil es keine Zeit gab, in der eine Ursache hätte existieren können." Und daraus leitet er ab, „dass keine Möglichkeit für einen Schöpfer bleibt, weil es keine Zeit für die Existenz eines Schöpfers gibt."[5] Deshalb sei – so Hawking – schon die Frage, ob ein Gott das Universum erschaffen habe, „sinnlos"[6] und es gebe auch kein Jenseits. Und erstaunlicherweise fügt er hinzu: Die Annahme eines Jenseits „widerspricht allen wissenschaftlichen Erkenntnissen"[7].

Der Respekt vor einem so großen Wissenschaftler macht es nicht leicht, seine Argumente zu kritisieren. Aber sie sind nicht wirklich beweiskräftig. Sie legen die Frage nahe, ob Hawking bei seinen Überlegungen nicht eine eher populäre und nicht eine theologisch geklärte Vorstellung von Gott als dem Schöpfer vor Augen hat. Theologisch steht eigentlich seit Jahrhunderten außer Streit, dass Gott nicht als eine Ursache neben anderen verstanden werden darf. Das wird nicht zuletzt durch die verwendeten Begriffe deutlich gemacht. Gott wird nicht als Ursache bezeichnet, sondern als Urgrund, der alles trägt, was ist – das Schwarze Loch, den Urknall, das Universum, die Zeit, die Naturgesetze, das Zusammenspiel der Ursachen usw.

Dass es vor dem Urknall eine Zeit gegeben habe, in der Gott gewirkt habe – das ist theologisch unvorstellbar. Schon der Theologe und Bischof Augustinus († 430) hat darauf bestanden, dass auch die Zeit etwas Geschaffenes ist und daher erst nach dem Schöpfungsakt existiert. Und wie gesagt: Gott wirkt nicht als Ursache. Dass Hawking dann zwar die Frage aufgreift, ob jemand die Quantengesetze erschaffen hat, sie aber nicht beantwortet, ist ebenfalls erstaunlich.

In Summe fehlt bei in seinen Ausführungen eine klare Unterscheidung der Erkenntnismöglichkeiten der Naturwissenschaften auf der einen Seite und der Philosophie (und Religion) auf der anderen Seite. Nur so kann er sagen, die Annahme eines Jenseits

„widerspricht allen wissenschaftlichen Erkenntnissen". Naturwissenschaftliche Erkenntnisse können zwar Rückwirkungen auf religiöse Vorstellungen haben, aber die Naturwissenschaften können wohl keine Aussagen über das Jenseits machen. Was Hawking über Gott sagt, ist keine Schlussfolgerung aus seinen wissenschaftlichen Einsichten, sondern seine persönliche Überzeugung, die über die Ergebnisse der Wissenschaften hinausgeht.

Gott als überflüssige Hypothese

Wie Stephen Hawking ist auch der Biologen Edward O. Wilson (*1929) daran interessiert, ein Weltbild vorzustellen, das ohne Gott auskommt. In seinem 1978 erschienenen Werk *On Human Natur* legt er eine soziobiologische Zusammenschau vor und befasst sich in einem eigenen Kapitel auch mit der Religion. Wilson geht davon aus, dass sich die genetischen Erbanlagen und die Kultur miteinander entwickeln. So sei aus der Materie auch der menschliche Geist entstanden. Dieser – so nennt ihn Wilson – wissenschaftliche Materialismus „bietet dem menschlichen Geist eine alternative Mythologie, die in Konfliktbereichen die traditionelle Religion bisher noch stets Punkt für Punkt geschlagen hat".[8]

Wilson spricht von einer Mythologie, weil diese umfassende Sicht niemals definitiv bewiesen werden könne. Das ganze Dasein sei Naturgesetzen unterworfen, „die keiner äußerlichen Kontrolle bedürfen. Die Verpflichtung des Wissenschaftlers zu Sparsamkeit bei der Erklärung schließt den göttlichen Geist und andere äußere Kräfte aus."[9] Und Wilson fährt fort: „Wenn diese Deutung richtig ist, wird der entscheidende Vorteil des wissenschaftlichen Naturalismus auf seiner Fähigkeit beruhen, die traditionelle Religion, seinen Hauptkonkurrenten, als ein durch und durch materielles Phänomen zu erklären."[10]

Es fällt auf, dass Wilson (so wie Stephen Hawking) die Religion unter dem Gesichtspunkt einer Erklärungshypothese in den Blick nimmt, die heute allerdings überflüssig sei. Damit ignoriert er freilich Klärungen, die sich im Gespräch zwischen Naturwissenschaften und Theologie ergeben haben. Sie haben nicht zu einer Trennung von Wissenschaft und Religion, wohl aber zu einer klaren Unterscheidung ihrer Kompetenzen geführt. Teil dieser Unterscheidung ist nicht zuletzt, dass Religion und Naturwissenschaften unterschiedliche Fragen beantworten. Die Erklärung des Universums, so wie wir es heute vorfinden und kennen, ist Sache der Wissenschaft. Glaube und Theologie sind keine Konkurrenten für wissenschaftliche Hypothesen, sondern sie geben Antworten auf die Fragen, die oft als letzte Fragen bezeichnet werden – woher die erforschbare Wirklichkeit kommt, warum sie erforschbar ist, wie die Stellung des Menschen im Ganzen des Universums zu verstehen ist usw.

Wie in seinen Ausführungen das Stichwort ‚Naturalismus' anzeigt, geht Wilson davon aus, dass die ganze Wirklichkeit natürlich, und das heißt: mit den Methoden der Naturwissenschaften, also natürlich erklärt werden kann – eine Behauptung, die gerade im Blick auf den menschlichen Geist immer noch heftig diskutiert wird. Namhafte Philosophen werfen dem Naturalismus vor, dass er die Wirklichkeit auf das einschränke (reduziere), was sich naturwissenschaftlich erkennen lässt, und sprechen von Reduktionismus. So stellt der Wissenschaftstheoretiker Holm Tetens 40 Jahre nach Erscheinen des Buches von Wilson fest: „Seinem eigenen Anspruch nach will der Naturalismus uns eigentlich verstehen lassen, warum in einer rein materiellen Welt schließlich erlebnisfähige selbstreflexive Ich-Subjekte auftauchen. Überzeugend ist ihm das bis heute nicht gelungen."[11] Ja, die Wissenschaften belegen nicht einmal die Auffassung, dass das Geistige sich aus dem Physischen entwickelt habe.[12]

Evolutionstheorie und Schöpfer-Gott

Mit den Stellungnahmen von Wilson und Tetens steht die Evolutionstheorie auf der Tagesordnung. Nicht wenige gläubige und geistig interessierte Menschen finden es einigermaßen erstaunlich, dass immer wieder ein Widerspruch zwischen dem Glauben an Gott und der Evolutionstheorie behauptet wird. Als aufgeklärter Mensch des 21. Jahrhunderts stehe man, so wird von Kritikern gesagt, vor der Alternative: entweder ein unbewiesener Glaube an einen Schöpfergott wie er z. B. in den Schöpfungserzählungen der Bibel gezeichnet wird oder die wissenschaftlich anerkannte Evolutionstheorie, die erklärt, wie das geworden ist, was wir heute beobachten können. Wenn man es so formuliert, kann es scheinbar keinen Zweifel geben, wie man sich zu entscheiden hat. Aber eigentlich verhält es sich anders.

Historisch gesehen kann der behauptete Gegensatz leicht erklärbar werden. Zur Zeit von Charles Darwin († 1882), der im Blick auf die Evolutionstheorie zweifelsohne eine Schlüsselrolle einnimmt, war es über weite Strecken unbestritten, dass die Welt mit ihrer Ordnung einen intelligenten Schöpfer voraussetzt. Mithilfe der Evolutionstheorie wird es möglich, diese Ordnung ohne Glauben an einen Schöpfergott zu erklären. An die Stelle des planenden Schöpfers tritt ein Entwicklungsprozess, der die Ordnung mithilfe von Mutation und Selektion erklärt. Seither stehen im Denken religionskritischer Menschen Gott bzw. die Evolutionstheorie als einander ausschließende Prinzipien gegenüber. Gott wird – wie der Mathematiker und Astronom Laplace († 1827) gegenüber Napoleon festgestellt hat – zu einer Hypothese, die man nicht mehr braucht.

Aber es sind nicht nur historische Klärungen, die hilfreich sind. Auch sachliche Überlegungen machen klar, dass die Sache mit der Evolutionstheorie nicht so geklärt ist, wie man es manchmal darstellt.[13] Es geht nicht darum, sie grundsätzlich infrage zu stellen, wie es manchmal Menschen auch aus religiösen Gründen tun. Dass es Entwicklung gibt, ist unbestritten. Und dass es dafür Theorien gibt, die sie über weite Strecken gut erklären, ebenso. Aber man darf nicht übersehen, dass an entscheidenden Stellen die Dinge in Wirklichkeit ungeklärt sind. So beim Übergang von der unbelebten Materie zum Leben und schließlich beim Übergang zum menschlichen Bewusstsein. Man spricht in diesen Zusammenhängen von Emergenzen, also von Entwicklungen, die sich aus den vorausgehenden Entwicklungsstufen nicht zwingend ergeben. Aber das ist nur eine Bezeichnung und keine Erklärung. Hinsichtlich solcher Qualitätssprünge stellen sich vielmehr zwei Fragen[14]: Wie kann etwas werden, was aus dem früheren Zustand nicht hergeleitet werden kann? Und warum ist es überhaupt zu diesen Übergängen gekommen?

Nicht selten wird dabei als Argument gegen Gott ein anderer Begriff ins Spiel gebracht: der Zufall. Damit alles geworden ist, wie wir es heute im Universum vorfinden, dazu brauche es keinen Gott, der dieser Entwicklung die Zielrichtung vorgegeben hat, es genüge der Zufall. Auch hier muss eine gläubige Sicht nicht gleich kapitulieren. Man kann einerseits darauf verweisen, dass Zufall und Ausrichtung auf einen Zweck bzw. ein Ziel sich nicht notwendigerweise ausschließen. Und deshalb kann der Theologe Hans Kessler in seiner Studie fragen, ob „Gott nicht durch die Gesetze der Natur, auch durch die den Zufall steuernden Wahrscheinlichkeitsgesetze, und also auch durch manche Zufälle in der Natur wirken"[15] könne. Und man darf schließlich auch darauf verweisen, dass in der Evolution von extremen Unwahrscheinlichkeiten ausgegangen werden muss, „ohne welche Leben im Kosmos, auf unserer Erde, nie möglich geworden wäre."[16] Ein vorsichtiger Umgang mit dieser Beobachtung wird darin keinen strikten Beweis für die Existenz Gottes sehen, aber darauf hinweisen, dass eine Deutung, die mit einem Schöpfergott rechnet, eine sinnvolle und widerspruchsfreie Zusammenschau ermöglicht.

Alles in allem: Es gibt keine Unvereinbarkeit von Glaube und Evolutionstheorie bzw. Naturwissenschaften: „Schöpfungsglaube, wenn er nicht kreationistisch pervertiert wird, und Evolutionsdenken, wenn es nicht neo-mythisch zur Totaldeutung der Wirklichkeit umgebogen wird, widersprechen sich nicht."[17] Das ist nicht nur das Resümee von Hans Kessler am Ende seines gründlich recherchierten Buches *Evolution und Schöpfung in neuer Sicht*, sondern allgemeine Überzeugung in der Theologie.

Kein sinnvolles Sprechen über Gott

Dass sich die Ergebnisse der Naturwissenschaften mit den Aussagen des Glaubens verbinden lassen, mag für manche überraschend, für andere selbstverständlich sein. Aber damit sind noch nicht alle (möglichen) Probleme für den Glauben ausgeräumt. Ein Problemfeld hat sich in der sprachanalytischen Philosophie des sogenannten Neopositivismus ergeben, wie sie z. B. im ‚Wiener Kreis' (Rudolf Carnap u. a.) vertreten worden ist.

In einer ersten Phase hat man vor allem auf das Verifikationsprinzip zurückgegriffen. Demnach sind Aussagen nur dann sinnvoll, wenn man sagen kann, wie sie als wahr erwiesen werden können. Andernfalls sind sie als sinnlos, als non-sense zu betrachten. Allerdings hat sich das Verifikations-Prinzip selbst als problematisch erwiesen. Da es nicht verifiziert werden kann, wurde an seine Stelle das Falsifikationsprinzip gesetzt (Karl Popper): Aussagen gelten dann als sinnvoll, wenn man sagen kann, wann sie als widerlegt zu gelten haben. Der Satz ‚Alle Schwäne sind weiß.' ist ein sinnvoller Satz, denn er ist dann widerlegt, wenn auch nur ein einziger Schwan gefunden wird, der nicht weiß ist. Philosophen wie Antony Flew († 2010) und Hans Albert (*1921) haben, gestützt auf dieses Prinzip, zu zeigen versucht, dass Theologinnen und Theologen religiöse Aussagen (z. B. über Gott) als nicht falsifizierbar ansehen. So machen sie ihre Aussagen immun gegen Widerlegung – und zugleich bedeutungslos. Ein Gott, der so definiert wird, dass man seine Existenz nicht widerlegen kann, unterscheide sich nicht von einem Gott, den es nicht gibt. Das Resultat ist für die Vertreter dieser Form der Religionskritik klar: Es gibt kein Argument, das zur Existenz Gottes führt, und es gibt keine sinnvollen Aussagen über Gott und andere Glaubens-Wirklichkeiten, die ja im Letzten immer auf Gott zurückgreifen müssen.[18]

Auf sehr eigenständige und exakte Weise ist eine solche Position ursprünglich auch von Ludwig Wittgenstein († 1951) in seinem *Tractatus logico-philosophicus* (1921) vertreten worden. Für ihn sind Begriffe und Aussagen dann sinnvoll, wenn sie sich eindeutig auf die außersprachliche Wirklichkeit beziehen, also wiedergeben, was der Fall ist. Da sich Wittgenstein aber, wie seine Tagebücher zeigen, durchaus mit religiösen und ethischen Fragen beschäftigt hat, ist für ihn klar, „daß selbst, wenn alle möglichen wissenschaftlichen Fragen beantwortet sind, unsere Lebensprobleme noch gar nicht berührt sind."[19] Diese Fragen liegen aber außerhalb des Bereiches, in dem man sinnvolle Sätze formulieren kann. Und so kommt Wittgenstein zum berühmten letzten Satz seines *Tractatus*: „Worüber man nicht sprechen kann, darüber muss man schweigen."[20]

Allerdings ist zu ergänzen, dass Wittgenstein in einer zweiten Phase seines Denkens diese rigorose Sicht aufgegeben hat. Dafür stehen seine *Philosophischen Untersuchungen* (erschienen 1953). Darin gesteht er zu, dass es nicht nur eine Sprache gibt, die die Wirklichkeit abbildet und insofern als sinnvoll gelten kann, sondern unterschiedliche Sprachspiele, die innerhalb eines bestimmten Kontextes als durchaus sinnvoll anerkannt werden können und müssen. Solche Überlegungen haben natürlich auch für die religiöse Sprache neue Möglichkeiten und Wertschätzung mit sich gebracht.[21] Die entscheidende Frage ist und bleibt die Frage, wie man über die Wirklichkeit Gottes, also eine nicht empirisch fassbare Wirklichkeit sprechen kann. Dieser Frage wurde nicht nur in der Geschichte der Theologie und Philosophie viel Aufmerksamkeit gewidmet, sie muss auch heute beantwortet werden.[22]

Gott – Wunschdenken?

Für erstaunlich viele ist das Argument überzeugend, dass Gott nichts anderes sei als eine Projektion – Wunschdenken also. Erstaunlich ist das deshalb, weil Wunschdenken für sich genommen kein Argument sein kann, das die Existenz Gottes widerlegt. In der Religionskritik kommt der Verweis auf das Wunschdenken erst an zweiter Stelle. Zuvor wird als gesichert angenommen, dass es keine tragfähigen Argumente gebe, die beweisen, dass Gott existiert. Wenn aber nichts dafür spricht, dass Gott existiert, dann stellt sich noch die Frage, warum so viele Menschen weiterhin an ihm festhalten. Darauf antworten etliche Denker mit der Projektionsthese. Das heißt: Nicht rationale Gründe sind für den Gottesglauben ausschlaggebend, sondern die tiefsten emotionalen Bedürfnisse. Und sie sind sogar stärker als Einwände und eigene Zweifel.

Diese Argumentation findet sich z. B. bei Ludwig Feuerbach († 1872) in seinem Werk *Das Wesen des Christentums*: Der Mensch habe sich Gott geschaffen und damit die Vollkommenheit, nach der er sich sehnt, die er aber bei sich nicht finden kann. Auf ähnliche Weise stellt auch Sigmund Freud († 1939) in *Die Zukunft einer Illusion* fest: Die religiösen Vorstellungen, „die sich als Lehrsätze ausgeben, sind nicht Niederschläge der Erfahrung oder Endresultate des Denkens, es sind Illusionen, Erfüllung der ältesten, stärksten, dringendsten Wünsche der Menschheit; das Geheimnis ihrer Stärke ist die Stärke dieser Wünsche. Wir wissen schon, der erschreckende Eindruck der kindlichen Hilflosigkeit hat das Bedürfnis nach Schutz – Schutz durch Liebe – erweckt".[23] Aber was beweist der Rückgriff auf solche Bedürfnisse wirklich? Kaum etwas. Jedenfalls nicht die Nicht-Existenz Gottes. Der Theologe Helmut Gollwitzer hat das in einem einfachen Bild gezeigt: Wenn ein kleiner Bub vor der versperrten Tür in die Speisekammer steht und sich die Köstlichkeiten ausmalt, die er hinter der Tür vermutet, dann ist das zwar Ausdruck seines Wunschdenkens, es sagt aber nichts darüber aus, ob etwas von diesen Köstlichkeiten hinter der Tür zu finden ist oder nicht. Und wenn man schon auf emotionale Bedürfnisse zurückgreift, dann muss man fairerweise auch fragen dürfen, ob Bedürfnisse und Wunschdenken nicht auch die Kritik der Kritiker leiten.

Der Gottesglaube verstümmelt den Menschen

Die Bedeutung von Friedrich Nietzsche († 1900) für das moderne Bewusstsein kann schwerlich überschätzt werden. Durch seine Werke *Also sprach Zarathustra* und *Der Antichrist* wurde er außerdem als einer der radikalsten Kritiker des Christentums bekannt und wirksam – auch wenn die Aussagen über Existenz und Bedeutung Gottes in seinen Texten kein einheitliches Bild ergeben. Auf jeden Fall gibt es für Nietzsche kein stichhaltiges Argument, das für die Existenz Gottes spricht. Das eigentliche Feld der Auseinandersetzung ist für Nietzsche nicht die Erkenntnistheorie, sondern das Leben und die Moral. Er stellt fest: „Man hat bisher das Christentum immer auf eine falsche und bloß schüchterne Weise angegriffen. Solange man nicht die Moral des Christentums als Kapitalverbrechen am Leben empfindet, haben dessen Verteidiger gutes Spiel. Die Frage der bloßen Wahrheit des Christentums ... ist eine ganz nebensächliche Angelegenheit, solange die Wertfrage der christlichen Moral nicht berührt ist."[24] Und so verflucht Nietzsche in *Der Antichrist* das Christentum. Die Kirche habe „den Willen zur letzten auch nur möglichen Korruption gehabt ... sie hat aus jedem Wert einen Unwert, aus jeder Wahrheit eine Lüge, aus jeder Rechtschaffenheit eine Seelen-Niedertracht gemacht ... sie lebte von Notständen, sie schuf Notstände, um sich zu verewigen"[25].

Nietzsche wirft der Kirche einen „Parasitismus" vor, womit sie dem Menschen „jedes Blut, jede Liebe, jede Hoffnung zum Leben"[26] austrinke. Und das Kreuz ist für ihn das „Erkennungszeichen für die unterirdischeste Verschwörung, die es je gegeben hat, – gegen Gesundheit, Schönheit, Wohlgeratenheit, die Tapferkeit, Geist, Güte der Seele, gegen das Leben selbst …"[27]

Der Atheismus sei die einzige Möglichkeit, der Selbstverstümmelung des Menschen, die im Christentum ihren Höhepunkt erreicht hat, ein Ende zu bereiten. Der Atheismus ist gewollt: „Ich kenne den Atheismus durchaus nicht als Ergebnis, noch weniger als Ereignis. Er versteht sich bei mir als Instinkt."[28] Und so auch der Tod Gottes: „Habt ihr nicht von jenem tollen Menschen gehört, der am hellen Vormittage eine Laterne entzündete, auf den Markt lief und unaufhörlich schrie: ‚Ich suche Gott! Ich suche Gott!' …. Wir haben ihn getötet, ihr und ich! Wir alle sind seine Mörder!"[29]

Nietzsche ist freilich hellsichtig genug, um zu sehen, dass der Tod Gottes nicht nur Befreiung, sondern auch die Heraufkunft des Nihilismus bedeutet: „Diese lange Fülle und Folge von Abbruch, Zerstörung, Untergang, Umsturz, die nun bevorsteht: wer erriete heute schon genug davon, um den Lehrer und Vorverkünder dieser ungeheuren Logik von Schrecken abgeben zu müssen, den Propheten einer Verdüsterung und Sonnenfinsternis, deren Gleichen es wahrscheinlich noch nicht auf Erden gegeben hat?"[30]

Die Religionskritik, die Nietzsche vertreten hat, erweist sich ohne Zweifel als besonders eindrucksvoll. Auf die eine oder andere Weise, zumeist nicht auf seinem hohen und sprachgewaltigen Niveau kommt sie bei verschiedenen Autoren immer wieder zur Sprache. Meistens erspart sie sich auf die theoretische Frage, ob man die Existenz Gottes beweisen kann oder nicht; stillschweigend setzt sie voraus, dass nichts für die Existenz Gottes spricht. Das ganze Gewicht der Argumentation liegt auf dem Nachweis, wie Menschen dazu kommen, an Gott zu glauben, und wie destruktiv sich dieser Glaube auf ihr Leben auswirkt. Diese Form der Religionskritik erweist sich daher vor allem als eine Anfrage an die religiöse Praxis. Aber sie ruft nach noch grundlegenderen Klärungen: Wie kann gezeigt werden, dass der Glaube an Gott der Menschlichkeit nicht im Weg steht, sondern sie grundlegt und fördert? Nicht zuletzt ist dabei eine Antwort auf die Frage zu suchen, wo die Kriterien der Menschlichkeit zu finden sind – im Glauben, in den Humanwissenschaften oder im Zusammenspiel beider?

Übel und Leiden – der Fels des Atheismus

„Fels des Atheismus" – so hat Georg Büchner in seinem Drama *Dantons Tod* das Leid genannt. Mit der Frage, wie es in einer Welt, die von einem gnädigen Gott geschaffen worden ist, soviel Übel und Leid geben kann, haben sich nicht nur Kritiker des Glaubens, sondern auch gläubige Christen befasst. Am bekanntesten ist der Philosoph Gottfried Wilhelm Leibniz († 1716) mit seinem Werk *Theodizee* geworden, dessen Titel zur Bezeichnung der ganzen Fragestellung geworden ist. Leibniz möchte mit seiner Argumentation Gott von der Verantwortung für das Übel freisprechen und so den christlichen Glauben an einen gütigen Gott möglich machen. Er und andere haben zu zeigen versucht, dass das Übel durch das Gute und Positive aufgewogen werde, das gewissermaßen die Kehrseite der Medaille sei. Um nur ein Beispiel zu nennen: Die Freiheit des Menschen macht millionenfachen Mord möglich, aber auch heroischen Einsatz vieler Menschen für das Leben.

Religionskritiker, aber auch dem Glauben gewogene Autoren weisen solche Argumente meistens zurück. Angesichts des Übels in der Welt könne Gott nicht zugleich als allmächtig und gütig gedacht werden. So hat es bereits der griechische Philosoph Epikur (270 v. Chr.) gesehen. Auch Theologinnen und Theologen gehen in der Regel heute davon aus, dass eine Verteidigung Gottes, wie sie Leibniz versucht hat, nicht zielführend ist. Ihre Antwort besteht manchmal in einem Hinweis auf den gekreuzigten Christus, der von den Toten auferweckt worden ist. Er mache es möglich, im Leiden nicht nur denkerisch, sondern auch existenziell standzuhalten im Vertrauen, dass das Leiden nicht das letzte Wort haben wird. Der Glaube biete also keine Antwort auf die Fragen, die sich durch das Übel in der Welt aufdrängen, sondern eine Perspektive, mit dem Übel zu leben und gegen es, so gut es geht, anzukämpfen. Oder mit einem Wort, das unter anderen Paul Claudel zugeschrieben wird: Gott ist nicht gekommen, um uns das Leid zu verhindern. Er ist nicht einmal gekommen, um es zu erklären, sondern er ist gekommen, es mit seiner Gegenwart zu erfüllen.

Wenn es auch keine befriedigende denkerische Lösung des Theodizee-Problems gibt, so können gegenüber denen, für die es zwingend zum Atheismus führt, doch einige Einwände formuliert werden. Dabei ist allerdings immer zu beachten, dass es in diesem Fall um philosophisch-theologische Überlegungen, gewissermaßen am Schreibtisch, geht, und nicht um ein Gespräch am Krankenbett. Nicht alles, was man theoretisch formulieren kann und muss, ist für Leidende eine Hilfe.

Das vorausgesetzt, wird man beachten müssen, dass durch den Verweis auf die Übel in der Welt genau genommen nicht gezeigt werden kann, dass Gott nicht existiert, sondern dass bestimmte Formen, Gott zu denken, problematisch erscheinen. Die beobachteten Übel machen es – wenigstens auf den ersten Blick – schwer bzw. unmöglich, Gott zugleich Allmacht und Güte zuzuschreiben. Ob Gott existiert oder nicht, ist eine andere Frage, für deren Beantwortung andere Gründe vorgebracht werden müssen und können.

Eine zweite Klärung muss die Anwendung von Begriffen wie Allmacht und Güte auf Gott kritisch beleuchten. Nicht selten werden sie wie auf Menschen so auch auf Gott angewendet. Das aber führt unweigerlich zu einer anthropomorphen Gottesvorstellung und damit zu problematischen Folgerungen, z. B. zum Vorwurf der unterlassenen Hilfeleistung.

Manche schlagen deshalb vor, man müsse sagen: ‚Gott ist gut, aber er ist auf göttliche Weise gut'; und: ‚Gott ist mächtig, aber er ist es auf göttliche Weise'. Der Einwand liegt auf der Hand: Wenn man Gottes Güte als eine ganz andere Güte versteht, dann wird die Aussage für uns unsicher und inhaltsleer, denn wir wissen nicht, was man sich unter einer ganz anderen Güte vorstellen soll. Aber die Rede von Gottes göttlicher Güte kann durchaus als Aussage mit Inhalt verstanden werden. Denn sie sagt: Du musst an Güte denken – das ist der entscheidende Anhaltspunkt. Und der Hinweis, dass du diese Güte nicht wie menschliche Güte verstehen darfst, bedeutet nicht, dass die Güte widerrufen wird, sondern dass sie in einem modifizierten bzw. gesteigerten Sinn verstanden werden soll.[31]

Die Rede von ‚Gottes unbegreiflicher Güte' (wie manchmal gesagt wird), kann auch einem gläubigen Menschen in bestimmten Situationen im Hals stecken bleiben. Wie überhaupt eine allzu große Erklärungsfreude kaum angebracht ist, wenn es um das Leid und um Gott geht. Immer aber gab und gibt es Menschen, die in Krankheit und Katastrophen mit ihrer Rede von Gottes unbegreiflicher Güte ihren Glauben zum Ausdruck bringen, dass das Unheil und das Übel nicht das letzte Wort haben werden. „Letztlich liegt die Wahrheit über das Leiden bei den Leidenden selbst" – darauf hat Bernhard Meuser in einer einfachen, aber gescheiten Einführung in den christlichen Glauben zu Recht hingewiesen.[32] Immer wieder gibt es Leidende, die darauf vertrauen, dass Gott gütig ist, obwohl ihnen sein Verhalten, seine Untätigkeit und sein Schweigen angesichts des Übels nicht dafür zu sprechen scheinen. So eine Situation ist uns nicht zuletzt im Alltag vertraut; um nur ein Beispiel zu nennen: Kindern erscheint manchmal ein bestimmtes Verhalten ihrer Eltern unverständlich und alles andere als ein Ausdruck ihrer Liebe; später sehen sie es anders.

Skandale der Kirchengeschichte

2000 Jahre Kirchengeschichte haben nicht nur Beeindruckendes und Hilfreiches mit sich gebracht, sie liefern auch Grund für Kritik an der Kirche bzw. den Kirchen und ihrem Glauben und ihrer Praxis. Der Kirchenhistoriker Arnold Angenendt hat dazu in seinem Werk *Toleranz und Gewalt* die einschlägigen Fakten und ihre – nicht selten auseinanderklaffenden – Interpretationen vorgelegt.[33] Es sind diese dunklen Seiten der Kirchengeschichte, die Menschen nicht nur in ihrem Vertrauen in die Kirche, sondern auch in ihrem Glauben an Gott erschüttern können. Andere sind wieder überzeugt, dass die dunklen Seiten der Kirchengeschichte das eine, und der Glaube an Gott das andere ist – die gravierenden Verfehlungen in der Kirche seien keine Argumente, die gegen Gott sprechen.

Die meisten negativen Darstellungen der Kirchengeschichte laufen darauf hinaus, dass die Christen bzw. die Kirche ihren Gründer verraten haben. Das Christentum habe – so kann man die Kritik zusammenfassen – „seine armutsorientierte, egalitäre und pazifistische Ursprungsidee preisgegeben und sei, als organisierte Kirche, schon früh der Korruption, Gewalttätigkeit und Intoleranz anheimgefallen"[34]. Es sei eine Religion geworden, die der Natur, den Frauen, der Sexualität, Vernunft und Wissenschaft und nicht zuletzt der Freiheit feindlich gegenübersteht. Und im Zwiespalt zwischen vorgeschobenen humanen Grundsätzen und den realen Interessen sei es die „klassische Religion der Heuchelei"[35] geworden.

Man muss die vorgetragenen Argumente zweifelsohne ernst nehmen, aber man darf sie auch mit kritischem Blick sichten. Auch in der Kritik an Kirche und Glaube lassen sich Einseitigkeiten, rhetorische Kunstgriffe, ja Demagogie feststellen, es werden Motive unterstellt, Schwarzweißmalerei betrieben und heutige Maßstäbe auf die Vergangenheit angewendet.[36] Wenn man eine gerechte Darstellung der Kirchengeschichte erreichen möchte, dann ist auf jeden Fall zu bedenken, dass sich nicht nur eine Geschichte der Skandale, sondern auch eine Kulturgeschichte des Christentums schreiben lässt – und damit sind nicht nur z. B. Kunst, Architektur und Musik gemeint, sondern auch Philosophie und ein vielfaches humanitäres Bemühen z. B. in Bildung und Krankenpflege.[37] Und bei aller Kritik ist zu prüfen und zu unterscheiden, was tatsächlich der Kirche als ganzer und was einzelnen Menschen und Institutionen in ihr zugeschrieben werden muss bzw. kann. Aber trotz möglicher Kritik an der Kritik bleibt in der Geschichte zweifellos vieles, was man nur kritisch sehen kann und verurteilen muss.

In einem Beitrag in der Wochenzeitung *Die Zeit* hat der Philosoph Herbert Schnädelbach die Kritik am Christentum gegenüber Autoren wie Karlheinz Deschner noch verschärft: Es gehe bei den Skandalen der Kirchengeschichte nicht nur um Missbrauch einer guten und menschenfreundlichen Religion, sondern um „Geburtsfehler einer alt gewordenen Weltreligion."[38] Das Problem sei schon in und mit den biblischen Quellen gegeben. Diese Fehler lassen sich nicht korrigieren, außer das Christentum gäbe sich selbst auf. Schnädelbach verweist kritisch auf die Erbsündenlehre, die Erlösung durch den Kreuzestod Jesu, den Antijudaismus, die Drohung mit der ewigen Verdammnis, Mission als Imperialismus und Toleranzverbot, Abwertung der Sexualität und der Frau, vielfach praktizierte Lüge usw. Das alles habe zu fatalen Konsequenzen geführt.

Auch hier gilt, dass zu Recht kritisch gefragt werden kann und muss, wie die genannten christlichen Lehren in den Jahrhunderten dargestellt bzw. verstanden worden sind, und welche Konsequenzen man daraus gezogen hat. Eine differenzierte Darstellung, wie sie z. B. Arnold Angenendt mit seinem Werk *Toleranz und Gewalt* im Anschluss an Schnädelbachs Kritik vorgelegt hat[39], wird zweifellos helfen, der Wahrheit näherzukommen.

Im Blick auf das Thema des vorliegenden Buches scheint eine Frage von besonderem Interesse zu sein: Fällt von den negativen Seiten der Kirchengeschichte nicht doch ein Schatten auf Gott? Diese Frage legt sich dann nahe, wenn man zeigen kann, dass sich das unmenschliche Verhalten von Christen aus der für sie verbindlichen Lehre ergeben hat. Insofern die Lehre auf eine Offenbarung Gottes zurückgeführt wird, kann die Frage gestellt werden, ob Gott für die Untaten in der Kirchengeschichte verantwortlich bzw. mitverantwortlich ist. Eine gute Beantwortung dieser Frage setzt mehr Überlegungen voraus, als an dieser Stelle angestellt werden können. Es sollen aber einige grundsätzliche Gedanken vorgelegt werden.

Apologeten, die das Christentum und seinen Gott verteidigen wollen, geben an erster Stelle zu bedenken, dass man unterscheiden müsse zwischen der psychologischen Wucht der negativen Fakten in der Kirchengeschichte und dem tatsächlichen Gewicht und der Reichweite der Argumente, die sich darauf stützen. Kreuzzüge und Hexenverbrennungen sind selbstverständlich nicht zu rechtfertigen. Heute genügen oft schon die Stichworte, um den christlichen Glauben infrage zu stellen. Wenn man aber gründlich und genau die Fakten erhebt, die historischen Umstände und den zeitlichen Zusammenhang in Rechnung stellt, die Verantwortlichkeiten überprüft, ergibt sich oft ein differenziertes Urteil.

Von grundlegender Bedeutung ist vor allem, wie man versteht, was unter Offenbarung Gottes verstanden wird. Manche gläubige Menschen und auch manche ihrer Kritiker gehen davon aus, dass Gott die biblischen Aussagen gewissermaßen Wort für Wort diktiert hat. Aus einer solchen Sicht der Dinge ergeben sich andere Schlussfolgerungen, als wenn man annimmt, dass bei der Niederschrift der Bibel Menschen in aller Zeitbedingtheit und Begrenztheit mitgewirkt haben. Letzteres wird heute in der Theologie weitgehend vertreten.[40] Das heißt: Der biblische Text spricht von der Offenbarung, aber auf menschliche Weise, er ist nicht schlechthin mit ihr identisch.

Wie zu erwarten, führt diese Unterscheidung immer wieder zur Frage, wo die Grenze zwischen dem Zeitbedingten und dem bleibend Verbindlichen verläuft. Sie begleitet z. B. das Christentum seit seinen ersten Tagen.[41]

Trotzdem scheint diese Unterscheidung von Offenbarung und ihrer menschlichen Bezeugung, angefangen von den Schöpfungserzählungen im Alten Testament, zwingend zu sein. So müssen gläubige Christinnen und Christen nicht daran festhalten, dass Gott die Welt in sechs Tagen erschaffen und den Menschen aus Ton geformt hat, dass Frauen in der Gemeinde schweigen müssen usw. Man darf nach heutigem theologischen Stand eben davon ausgehen, dass die persönlichen und kulturellen Möglichkeiten und Grenzen der Verfasser bei der Niederschrift der biblischen Texte zu unterschiedlichen und zeitbedingten Formulierungen führen können und auch geführt haben.

Was von der Entstehung biblischer Texte angenommen werden kann, das gilt offensichtlich auch für die Geschichte seiner Auslegung im Laufe der Kirchengeschichte. Immer bleibt die Möglichkeit offen, dass Zeitbedingtes, ja Unmenschliches in die Lehre einfließt. Wo immer man sich auf die Bibel berufen hat und beruft, spielen kulturelle, soziologische, realpolitische und andere Rahmenbedingungen und Einflüsse eine nicht zu unterschätzende Rolle. So wird verständlich, dass es im Laufe der Kirchengeschichte zu Auslegungen des biblischen Textes kommen konnte, die der eigentlichen Intention der Offenbarung nicht entsprechen und zu Hass, Intoleranz, Gewalt usw. geführt haben.

Auf jeden Fall bleibt eine Frage, die man – fast ein wenig naiv – so formulieren kann: Warum hat sich Gott nicht unmissverständlicher geoffenbart? Warum hat er seine Offenbarung nicht gegen Missdeutungen besser abgesichert? Auf Fragen wie diese gibt es wohl keine Antwort. Sie rücken die Überlegungen in die Nähe der Menschheitsfrage, warum es das Übel und das Leiden in der Welt gibt, wenn sie doch von einem gütigen Gott erschaffen worden ist.

Und auch im Blick auf die negativen Seiten der Kirchengeschichte gilt, dass für die meisten, für die Gott eine Wirklichkeit ist, diese Fragen zwar eine Belastung darstellen, aber kein Argument, das zwingend gegen die Existenz Gottes spricht bzw. dagegen, dass Gott der Rede wert ist.

III. WIE GOTT AUS DEM BLICK GERATEN KANN

Es ist eine unleugbare Tatsache, dass Gott nicht nur in den Blick, sondern auch aus dem Blick geraten kann. Und das nicht nur für den Einzelnen, sondern auch gesellschaftlich. Der Grund dafür sind nicht nur Argumente der Religionskritik, sondern auch intellektuelle und emotionale Voraussetzungen, aber auch gesellschaftliche und biographische Rahmenbedingungen, die in der Diskussion um Gott wirksam werden. Nicht selten werden sie übersehen oder unterschätzt. Ihnen ist dieser dritte Abschnitt gewidmet.

Vorstellungen und Begriffe, die das Denken prägen

Sprechen über Gott ist immer Sprechen an konkreten Orten und zu einer bestimmten Zeit, mit Worten einer bestimmten Sprache, vor einem bestimmten kulturellen Hintergrund. ‚Gott' ist nicht ein isoliertes Wort. Denken und Sprechen über Gott sind hineingewoben in ein Netz von Begriffen und Vorstellungen. Das gibt dem Begriff ‚Gott' seine Farbigkeit, seinen Reichtum, aber auch seine Vieldeutigkeit. Wie andere ‚große Worte' wird der Begriff ‚Gott' deshalb zumeist ungenau und schillernd verwendet. Manchmal bis ins Unfassbare, Widersprüchliche, auch Gefährliche.

Einige Beispiele mögen genügen. ‚Gott ist Person.' Aber was stellen wir uns vor, wenn wir von einer Person sprechen? In der Regel jemanden, der sich von einer anderen Person unterscheidet. Jemanden, der begrenzt ist. Ist Gott begrenzt? Oder: ‚Gott ist jenseitig.' Die meisten werden hier räumlich denken. So sagen wir z. B., dass Amerika ‚jenseits des Atlantiks' ist. Wo ist Gott, wenn von ihm gesagt wird, dass er jenseitig ist? Oder: ‚Gott ist allmächtig', ‚Gott handelt' usw. Immer schwingt bei solchen Aussagen, so unverzichtbar sie sind, etwas mit, was wir in der alltäglichen Verwendung der Sprache damit verbinden. Für die Philosophie und die Theologie ist dieses Problem nicht neu. Aber in der alltäglichen Diskussion wird es oft nicht beachtet. Und damit fangen die Probleme an. Der Begriff ‚Gott' erscheint als widersprüchlich und wird abgelehnt.

So legt sich der Gedanke nahe, dass man den Begriff ‚Gott' aus problematischen Zusammenhängen gewissermaßen herauslösen muss, damit das Sprechen über Gott nicht in Sackgassen gerät. Aber kann man Gott denken, sich Gott vorstellen jenseits aller Zusammenhänge und Kontexte? Das ist wohl eine Illusion. Aber man kann sich diese Bezüge bewusst machen. Man kann Verzerrungen aufspüren und zu vermeiden suchen. Ziel ist nicht ein ‚reiner Begriff' von Gott, wohl aber die Befreiung des Begriffs aus Denkweisen und Vorstellungen, die Gott entstellen, ihn religiös zum Götzen, intellektuell problematisch und politisch gefährlich machen.

Hineingewoben in die eigene Lebensgeschichte

Den meisten Menschen ist Gott – zustimmend oder ablehnend – längst schon zu einer Lebenswirklichkeit geworden, bevor es ihnen bewusst wird. Das gilt auch für diejenigen, bei denen das Wort ‚Gott' eine Leerstelle markiert. Diese Verwurzelung Gottes im persönlichen Leben ist nichts Außergewöhnliches, es gilt genauso von anderen Begriffen, mit denen wir Wirklichkeiten, Koordinaten und Wertungen bezeichnen, die wir in unserem Denken als buchstäblich grund-legend ansehen. Und es gilt gerade auch von dem, was das Empfinden und Erkennen eines Menschen und damit sein Leben prägt. Leben und Glück, Gut und Böse, was im Leben Gewinn ist und Verlust – darüber wissen wir vieles längst, bevor wir zum ersten Mal darüber nachdenken.

So kommt auch Gott bei den wenigsten Menschen auf intellektuellem Weg in ihr Leben, sondern über Eindrücke, Erfahrungen, Identifikation und Prägungen. Das gilt nicht nur für die Glaubenden, sondern auch für die, die Gott und den Glauben ablehnen. Gott und das Denken über ihn sind immer schon auf vielfältige Weise mit – positiven oder problematischen – Erfahrungen verknüpft. Ein Beispiel sind die eigenen Erfahrungen mit Autoritäten – mit Mutter und Vater, später mit Lehrern und Vorgesetzten. Sie färben ab auf die Art und Weise, wie Menschen Gott denken oder sich ihn vorstellen. Damit ist oft schon entschieden, ob Gott als eine das Leben eröffnende, beschützende oder als eine einschränkende und bedrohliche Wirklichkeit wahrgenommen wird, als bedeutsam oder bedeutungslos, ob er ernst genommen oder als Wirklichkeit ausgeblendet wird.

Wieder auf andere Weise ist die Zugehörigkeit zu einer Familie oder Gruppe für das Schicksal Gottes in der eigenen Lebensgeschichte von Bedeutung. Was andere glauben oder nicht glauben, bestimmt den eigenen Standpunkt. Und eine Überzeugung gegen andere, gar gegen eine Mehrheit oder gegen Menschen, die man schätzt und liebt, aufrecht zu halten, ist weder leicht noch selbstverständlich. Nicht zuletzt hat es Konsequenzen, wie an die Stelle einer vergleichsweise heilen und übersichtlichen Welt der Kindheit in der Jugendzeit die unübersichtliche Welt des Erwachsenwerdens tritt mit allen ihren Schwierigkeiten.

Auch in diesem Fall gilt: Dass man sich von solchen Prägungen restlos frei machen kann, ohne sich in andere Zusammenhänge zu begeben, ist vergebliches Bemühen. Was aber nicht nur möglich, sondern auch notwendig ist: dass man sich eingesteht, wie sehr unser Gott-Denken und unsere Vorstellungen von Gott durch unzählige Erfahrungen vor-geprägt sind. Und dass unser Denken und unsere Vorstellungen von Gott das eine sind, Gott selbst aber etwas anderes.

Kosten-Nutzen-Rechnung

Was bringt's? Das ist nicht nur die Frage von besonders berechnenden oder materialistisch orientierten Menschen. Diese Frage prägt unsere Zivilisation. Angesichts einer Überfülle von Möglichkeiten braucht es Kriterien, welchen Möglichkeiten man in einem begrenzten Leben Raum und Zeit geben soll. Was bringt's? Was hilft mir in meinem Leben weiter? Die Antwort auf diese und ähnliche Fragen ist oft ausschlaggebend dafür, ob man etwas für der Mühe und der Rede wert hält oder nicht. Diese Frage macht vor keinem Thema halt. Alles wird mehr oder weniger einem Kalkül unterworfen. So kann es auch mit Religion, Glaube und Spiritualität geschehen. Und schlussendlich auch mit Gott.

Welchen Nutzen bringen Gott und der Glaube an ihn? Es ist nicht leicht, mit dieser Frage richtig umzugehen. Man wird sie nicht einfach als unangemessen zurückweisen können. Denn landauf und landab spricht man – nicht zu Unrecht – von seinen positiven Konsequenzen des Glaubens: Glaube – und du findest im

Gericht Gottes Gnade. Glaube – und du findest den Sinn deines Lebens. Unterstütze Menschen im Glauben – und sie werden anständige Menschen und verlässliche Staatsbürger. Das war das Kalkül gerade der aufgeklärten Herrscher der Neuzeit. Und etwas demokratischer wird formuliert: Wenn Christinnen und Christen ihren Glauben wirklich ernst nehmen, dann werden sie sich für eine menschliche Gesellschaft einsetzen.

Nachdenkliche Menschen haben freilich immer wieder gefragt, ob Gott und der Glaube damit nicht unangemessen ‚funktionalisiert' werden. Ob Gott damit nicht Mittel zum Zweck, also einem Zweck untergeordnet wird. Ob man mit solchen – auch gut gemeinten – Argumenten Gott und dem Glauben wirklich gerecht wird. Und auf der anderen Seite hat man darauf hingewiesen, dass man manche positiven Effekte, die dem Glauben zugeschrieben werden, auch ohne Glauben erreichen kann. Und dass es sogar menschlich beachtlicher sei, wenn man z. B. auf keinen jenseitigen Lohn hoffen kann.

Bleibt noch hinzuzufügen: Es gibt natürlich viele Bereiche des Lebens, wo Gott nichts bringt. Jedenfalls auf den ersten, eher oberflächlichen Blick. Die moderne Gesellschaft ist von einer Eigendynamik geprägt, die auf Gott nicht angewiesen ist. Und manche werden sogar sagen, dass der Glaube an Gott unter Umständen ein Hindernis darstellt. Und so kann ein Kosten-Nutzen-Denken schließlich dazu führen, dass Gott aus dem Blick gerät.

Freilich kann und muss man auch darauf hinweisen, dass ein Kosten-Nutzen-Denken Gott nicht gerecht wird. Oder wie es der Dominikaner-Mönch und Mystiker Meister Eckhart († 1358) formuliert hat: Es gebe Menschen, die „wollen Gott mit den Augen ansehen, mit denen sie eine Kuh ansehen und wollen Gott lieben, wie sie eine Kuh lieben. Die liebst du wegen der Milch und des Käses und deines eigenen Nutzens. So halten's alle jene Leute, die Gott um äußeren Reichtums oder inneren Trostes willen lieben; die aber lieben Gott nicht recht, sondern sie lieben ihren Eigennutz."[1]

Und Nachdenkliche werden hinzufügen, dass ein verzweckendes Denken nicht nur Gott, sondern auch dem Menschen nicht gerecht wird. Und es gibt nicht weniges, was für den Menschen zwecklos, aber sinnvoll ist: Musik und andere Formen der

Kunst können hier ebenso genannt werden wie Religion und der Glaube an Gott.

Die öffentliche Meinung

Im Jahr 2015 hat Holm Tetens, der im ersten Abschnitt bereits vorgestellt worden ist, sein Buch *Gott denken* veröffentlicht. Gegen Ende seiner Ausführungen wird deutlich, dass es für ihn nicht leicht gewesen ist, mit einem Buch an die Öffentlichkeit zu gehen, das gegen den philosophischen Mainstream steht. Es erscheint ihm „nicht ohne Risiko, ein Buch über das Thema ‚Gott' zu schreiben". Selbst gute Freunde, so schreibt Tetens, seien „irritiert bis befremdet über des Autors ‚theistische Wende'"[2] gewesen, über sein unerwartetes Interesse an Gott.

Ein kritischer Leser hat darauf hingewiesen, dass zu anderen Zeiten die Folgen z. B. für einen atheistischen Autor wesentlich unangenehmer gewesen sind. Das stimmt – leider. Aber trotzdem wird in dieser Randbemerkung des Philosophen deutlich, dass es das tatsächlich gibt: eine öffentliche Meinung, die bestimmt, was Sache ist und was nicht. Nicht zuletzt dann, wenn es um Gott geht. Und das selbst in den Wissenschaften, die eigentlich der Freiheit des Denkens verpflichtet sind. Gott und Glaube sind in manchen Bereichen der Öffentlichkeit oder der veröffentlichten Meinung allenfalls etwas, was man erstaunt, amüsiert oder mit kritischem Unterton zur Kenntnis nimmt, manchmal als etwas Skurriles, dessen Absurdität offensichtlich sei. Aber Gott sei kein Thema, über das man ernsthaft nachdenkt. Nicht weil es erwiesen ist, dass Gott nicht existiert, sondern weil es das Vorurteil, die political correctness so will.

Manche werden an dieser Stelle vielleicht einwerfen, dass historisch betrachtet das Urteil schon längst gesprochen sei. Es gebe nach Jahrhunderten neuzeitlicher Religionskritik einfach keine überzeugenden Argumente mehr, die zugunsten Gottes und des Glaubens an ihn vorgebracht werden können. Aber das erweist sich nicht selten als Rhetorik und Abschreckung. Die sachliche Auseinandersetzung mit den Kritikern der Religionskritiker bleibt aus. Damit es zu keinem Missverständnis kommt: Nicht die Kritik an

Religion, Glaube und Theologie ist das Problem. Selbstverständlich gibt es in der Religionskritik große Namen und gewichtige Argumente, an denen man nicht vorbei leben und glauben kann. Wenigstens dann nicht, wenn man mit seinem Glauben intellektuellen Ansprüchen genügen will. Die Auseinandersetzung mit Gegenargumenten hat sich durch die Jahrhunderte und bis heute als ein gut christliches Programm erwiesen. Nicht die Kritik ist das Problem, sondern das Vorurteil, das gläubige Überzeugungen und Gegenargumente nicht gelten lassen will oder verächtlich macht.

Wer an Gott glauben und Gott denken will, der muss sich nicht selten gegen eine bestimmte öffentliche Meinung stellen und sich Plausibilitäten verweigern, die zwar allgegenwärtig zu sein scheinen, aber nicht wirklich begründet sind. Erst wenn man diese Nebelwand durchstoßen hat, werden jene Fragen und Argumente sichtbar, die deutlich machen, dass Gott der Rede wert und sogar denkbar ist.

Wenn der Mensch im Mittelpunkt steht

Der Philosoph Immanuel Kant hat die Aufklärung definiert als den Ausgang aus der selbst verschuldeten Unmündigkeit.[3] Ein anderes Wort dafür ist Emanzipation. Und so rückt im Denken der Neuzeit immer mehr der Mensch in die Mitte des Interesses. Die freie Selbstbestimmung des Menschen ist das Ziel – nicht nur in der Philosophie. Diese Anthropozentrik konnte auf Dauer nicht ohne Auswirkung auf den Glauben und die Theologie bleiben.

So ist mit einiger Verzögerung in der Mitte des 20. Jahrhunderts in der Theologie ein Stichwort aufgetaucht, das Karriere gemacht hat: ‚anthropologische Wende'. Unter dieser Überschrift ist es darum gegangen, den Sinn des Glaubens an Gott und den Sinn des Christseins zu erschließen. Man wollte zeigen, dass die geoffenbarte Wahrheit der inneren Ausrichtung und der Emanzipation des Menschen entgegenkommt. Der Mensch wurde als eine Frage vorgestellt, die nur Gott beantworten könne. Auf diese Weise sollte eine Kluft zwischen Leben und Glauben vermieden bzw. geschlossen werden. Dabei stand aber die Göttlichkeit Gottes selbstverständlich außer Streit.

Kritische Beobachter haben allerdings in dieser berechtigten Denkweise, vor allem in ihrer vereinfachten Form, eine Gefahr für den Glauben gesehen. Sie befürchteten, dass in einem anthropozentrischen Denken Gott zur Funktion des Menschen und seiner Bedürfnisse wird. Und so verwundert es nicht, dass der Religionsphilosoph Romano Guardini († 1968), ein hoch sensibler theologischer Diagnostiker seiner Zeit, in einem Brief an seinen Freund Josef Weiger diese Gefahr beschworen hat.[4] Er tut es in einem suggestiven Bild und verweist auf Jesus, der – wie im Johannes-Evangelium dargestellt wird – vor dem Richterstuhl des Pilatus steht und von sich sagt, dass er gekommen sei, um für die Wahrheit Zeugnis abzulegen.

Jesus vor Pilatus. Das heißt für Guardini: Gott vor dem Richterstuhl des Menschen. Der Mensch urteilt über Gott. Damit komme es zu einer fundamentalen Verdrehung der Wahrheit. Nicht Gott ist das Maß des Menschen, sondern der Mensch macht sich zum Maß Gottes. Und wer könnte leugnen, dass es das gibt: dass sich das Bewusstsein von der Göttlichkeit Gottes verflüchtigt hat. Der alte, nicht nur christliche Gedanke des Gerichtes ist im praktischen Leben – entgegen aller theologischer Einsichten – ziemlich verblasst. Aber Gott ist nicht einfach – als ‚Gottesfrage' – ein Thema, das mehr oder weniger Aufmerksamkeit auf sich zieht, sondern eine Wirklichkeit, die menschliche Maßstäbe von Grund auf infrage stellen kann und stellt.

Wer also denkerisch oder glaubend wirklich Gott in seiner Göttlichkeit in den Blick bekommen will, der wird sich aus einer solchen Engführung des Denkens befreien müssen. Gott ist größer als das, was nach menschlichen Maßstäben Sinn ergibt. Gott seine Göttlichkeit zugestehen, dazu braucht es eine innere Freiheit und Gelassenheit, die sich der Wirklichkeit stellt, wie sie ist, und sie nicht nur so gelten lässt, wie sie ins eigene Konzept passt. Damit ist das Ziel zweifelsohne hoch gesteckt. Aber das Wissen um die Grenzen des menschlichen Erkennens und um die Wirksamkeit unserer Interessen in unseren Erkenntnisbemühungen ist nicht das Ende allen Bemühens, Gott zu erkennen, sondern sein Anfang.

Kein Streit um Glaubenssätze

Niemand wird bestreiten können, dass es im persönlichen, aber auch im gesellschaftlichen Leben viele Aufgaben gibt, die gelöst werden müssen. Klare Entscheidungen und entschiedenes Handeln sind gefragt. Demgegenüber erscheint manchen die Philosophie und die Theologie als ein Glasperlenspiel, das nicht weiterhilft. Immer die gleichen Fragen, und dann doch keine weiterführenden Antworten. Diskussionen über Glaubensaussagen und Dogmen erscheinen nicht wenigen, auch gläubigen Zeitgenossen als nutzloser Streit um Worte. Das umso mehr, als dieser Streit seine Unschuld verloren hat – zu oft wurde er intolerant, handgreiflich und gewalttätig.

Entscheidend sei nicht, wie man sich Gott denkt, sondern wie man als Mensch vor Gott lebt. Auch unter Christen gibt es diese pragmatische Mentalität. Entscheidend ist, was im Bemühen um ein menschlicheres Leben weiterhilft. Eine solche pragmatische Sicht neigt dazu, das Nachdenken über Gott eher in den Hintergrund zu rücken. Das umso mehr, als das Denken über Gott vielen zu komplex und zu unsicher erscheint. Woran soll man sich in der Vielzahl der Argumente pro und contra halten? Und so bleibt man allen Aussagen über Gott gegenüber skeptisch. Man lässt es offen, ob es ihn gibt oder wie er zu denken ist. Und nicht selten versteht sich ein solcher Agnostizismus als eine nicht zuletzt humanistische Position, die Absolutheitsansprüche und Intoleranz unmöglich macht.

Aber es drängen sich auch Fragen auf. Aussagen über Gott prägen, wenn man sie ernst nimmt, die Sicht des Lebens und färben in der Folge auf das Leben und die Praxis ab – je nachdem, wie Gott gesehen wird. Aber das gilt nicht nur für Aussagen von gläubigen, sondern auch von atheistischen Menschen, die behaupten, dass Gott nicht existiert. Ernsthaft über Gott, die Möglichkeit seiner Existenz, sein Wesen nachdenken – das ist nicht nutzloses Glasperlenspiel, sondern führt zu grundlegenden Fragen und Einstellungen. Der Philosoph Immanuel Kant († 1804) hat sie in seiner *Kritik der reinen Vernunft* so formuliert: Was kann ich wissen? Was soll ich tun? Was darf ich hoffen? Es ist offensichtlich, dass Antworten auf diese Fragen ganz unterschiedlich ausfallen werden – je nachdem, ob und wie man Gott sieht oder nicht. Ganz abgesehen davon, dass das Wissen um Gott die menschlichen Maßstäbe auf heilsame Weise zurechtrücken und relativieren kann.

Kein Streit um Aussagen des Glaubens? Das klingt aufs Erste vernünftig. Und gewiss muss ein Streit vermieden werden, der den anderen und seine Überzeugungen, auch seine religiösen Überzeugungen verächtlich macht. Intoleranz und Gewalt darf es weder im Namen des Menschen noch im Namen Gottes geben. Aber es braucht einen friedlichen Wettstreit um die ‚letzten Fragen‘ des menschlichen Lebens und damit auch um Gott. Es geht dabei nicht zuletzt um die Würde des Menschen. Denn die Antworten auf diese Fragen entscheiden darüber, wie Menschen das persönliche und gemeinschaftliche Leben gestalten. Manchmal wird es gut und notwendig sein, sich das in Erinnerung zu rufen, wenn man sich auf ein Nachdenken und ein Gespräch über Gott und den Sinn des Glaubens einlässt – auch wenn das auf den ersten Blick keine praktischen Fragen beantwortet.

Im Konkurrenzkampf der Weltanschauungen

Es ist eine Tatsache: Wir leben in einer pluralistischen Gesellschaft. Sie umfasst Menschen mit unterschiedlichen Religionen und Weltanschauungen. Und nach den Spielregeln einer Demokratie kann keine Religion und keine Weltanschauung eine Monopolstellung beanspruchen. Das wird zu Recht als ein Signal der Freiheit angesehen. Jeder Mensch hat das Recht, sich frei zu entscheiden, welche Ausrichtung seines Lebens er für richtig hält.

Eine solche Wertschätzung der Demokratie führt zu einer hohen Wertschätzung des Pluralismus – er wird als bunte Vielfalt verstanden, die das Leben aller bereichert oder wenigstens bereichern kann. Dabei wird freilich nicht selten übersehen, dass dafür auch ein Preis zu zahlen ist. Eine pluralistische Gesellschaft ist eine Tatsache, es gibt dafür keine Alternative, aber sie ist nicht das Paradies. Eine Vielzahl von Weltanschauungen und Religionen macht es schwerer, eine eigene Überzeugung ohne Wenn und Aber zu formulieren und daran festzuhalten. Vielleicht – so kann sich ganz uneingestanden ein Zweifel melden –

hat doch der andere Recht, der genau das Gegenteil von dem vertritt, was ich für wahr halte. Ein Preis, der für den Pluralismus gezahlt werden muss, ist Verunsicherung in der eigenen Identität und in der Orientierung. Das wieder kann in weiterer Folge dazu führen, dass Menschen für vereinfachende schlagwortartige Sichtweisen anfällig werden und einem fundamentalistischen Denken verfallen.

Das hat auch für den Glauben Bedeutung. Der Reformator Martin Luther soll bekanntlich vor dem Wormser Reichstag die Darlegung seines Standpunktes mit den Worten unterstrichen haben: „Hier stehe ich, ich kann nicht anders"[5] – eine Aussage, die in einem postmodernen Kontext für manche fast exotisch klingt. Aber es ist die Aussage eines Menschen, der sich nicht in der Lage sieht, seine Überzeugung zu relativieren.

Im Gegensatz dazu – so formulieren es aufmerksame Beobachter – gebe es heute eine ‚Kultur des Hypothetischen', in der alles nur bis auf Widerruf gelte. Und man hat darauf hingewiesen, dass diese Mentalität nicht nur Rückwirkungen auf den Glauben hat. Gibt es noch Entscheidungen, die unbedingt, also unter allen Umständen zu beachten sind? Welche Folgen hat ein hypothetisches Denken z. B. auf Ehrlichkeit, auf ein Versprechen, schlussendlich auf die Würde des Menschen. Im alltäglichen Leben wird das alles – Gott sei Dank – immer noch in weiten Bereichen geachtet. Aber das philosophische Denken weist oft in eine andere Richtung. Das, was bedingungslos gelten soll, wird mit kleineren oder größeren Fragezeichen versehen.

Was heißt es, in einer solchen Gesellschaft zu sagen ‚Ich glaube an Gott'? Kann man das nur mehr als vorläufige Hypothese formulieren? Wird damit Gott selbst zu einer Hypothese? Ja – ist er es nicht schon vielerorts geworden? Wer Gott denken will, der muss ihn als eine bedingungslose Wirklichkeit denken. Ein Gott auf Widerruf ist kein Gott. Andererseits ist ein als bedingungslos gedachter Gott schwirig zu denken. Aber er kann auch als Befreiung aus einer Welt des unumgänglich Bedingten gesehen werden. So mag der Glaube der Erfahrung ähnlich sein, die Menschen in den schönsten Augenblicken ihres Lebens machen und ersehnen: dass es Gutes geben möge, dass es unverbrüchlich gelten und das letzte Wort haben möge.

Wenn vor allem das Neue zählt

Wenige Einflüsse prägen die moderne Gesellschaft mehr als die Allgegenwart der Medien. So wirkt sich auch die Logik der Medien auf alle Bereiche des Lebens aus. Das Buch des Medientheoretikers Marshall McLuhan *The Medium is the Message* ist nicht nur eines jener Werke, die diese Logik erschließen, durch einen Druckfehler in der ersten Auflage hat es unbeabsichtigt den Einfluss der Medien auf den Punkt gebracht. Auf der Titelseite des Buches stand: *The Medium is the Massage*. Also: Die Medien massieren die Gesellschaft.

Zu den Gesetzmäßigkeiten der Medien gehört, dass das Neue zählt, nach Möglichkeit das Noch-nie-Dagewesene. Jede Information, die einmal angekommen ist, verliert ihren Informationswert und wird uninteressant. Sie ist im Grunde keine Information mehr. So stehen die modernen Medien für einen Paradigmenwechsel. In früheren Zeiten hat das als wichtig und denkwürdig gegolten, was immer schon gezählt hat, was zeitlos gültig ist. Heute zählt aus verschiedenen Gründen das, was neu ist. Das, wovon man noch nie gehört hat, das findet Interesse. Das andere wird zum Minderheitenprogramm.

Damit ist das, was früher für Glaube und Religion gesprochen hat, zu einem Nachteil geworden. Die Tatsache, dass Religion das Althergebrachte ist, gilt nicht mehr als Empfehlung, sondern fördert das Desinteresse. Kann etwas so Altes heute noch hilfreich sein? Gott scheint nicht nur den Ergebnissen der Wissenschaft nicht standzuhalten, sondern er ist einfach – von gestern. Damit ist für manche das letzte Wort schon gesprochen.

Um ein Missverständnis zu vermeiden: Natürlich gibt es auch, gewissermaßen spiegelverkehrt, das andere. Während die einen Gott und der Religion die Gefolgschaft aufkündigen, weil sie sie für unzeitgemäß halten, ziehen sich andere aus der Zeitgenossenschaft zurück, weil sie den Glauben an Gott dadurch gefährdet sehen. Das geschieht vor allem dort, wo die Gegenwart in erster Linie als Abfall von Gott verstanden wird. Da scheint manchen nur ein – fast trotziges – Festhalten am Alten eine Versicherung gegen den Glaubensabfall zu sein. Eine solche Entscheidung mag im konkreten Fall nicht nur verständlich, sondern bis zu einem gewissen

Grad auch vernünftig sein. Aber sie kann zu einem problematischen Weg werden – am Ende ist aus dem lebendigen Glauben ein Museum geworden. Das eine oder andere vermag vielleicht noch zu überzeugen, aber aufs Ganze ist der Glaube tot und Gott eine Erinnerung, die mit der Gegenwart nichts mehr zu tun hat.

Wer das vermeiden will, der ist freilich gut beraten, sich nicht einfach dem Modischen zu ergeben und nur das Noch-nie-Dagewesene zu suchen. Angemessener ist es, an das Althergebrachte mit der Vermutung heranzugehen, dass es Sinnreserven in sich trägt, die auch für heute erhellend sind. Wer sich mit seinem Leben und seinem Denken auf Gott einlassen will, der muss auf jeden Fall gegen den Strom schwimmen und das ungeschriebene Dogma des immer Neuen relativieren.

Wie wirklich ist die Wirklichkeit?

Wie wirklich ist die Wirklichkeit? Dieser Titel eines Buches des Philosophen Paul Watzlawik (1921–2007) ist ganz offensichtlich eine Einladung zum Nachdenken. Die Formulierung nimmt dem Begriff der Wirklichkeit seine Selbstverständlichkeit. Was normalerweise alle zu wissen glauben, das wird damit infrage gestellt. Aber – so kann aus guten Gründen gefragt werden – ist es wirklich so klar, was wirklich ist?

Im alltäglichen Leben wird man die Frage, was wirklich ist, über weite Strecken auf sich beruhen lassen können. Aber wenigstens am Rand des Alltags können Fragen auftauchen, die verunsichern. Wie wirklich sind Träume? Wie verlässlich sind Intuitionen? Was soll das heißen, wenn von harten Fakten die Rede ist? Nicht zuletzt wird die Frage nach der Wirklichkeit der Wirklichkeit auch dort aktuell, wo es um Gott geht. Ist Gott eine Wirklichkeit? Wenn ja – was für eine Wirklichkeit soll Gott sein?

Der Philosoph Klaus Müller hat gezeigt, dass auch in der Frage nach der Wirklichkeit die modernen Medien einen folgenreichen Einfluss ausüben.[6] Klassischerweise hat man drei Arten von Wirklichkeit unterschieden: das, was der Fall ist; das, was noch werden kann; und das, was gar nicht anders sein kann, als es ist. Diese durchaus bewährte Unterscheidung ist mit den modernen Massenmedien unsicher geworden. Die herkömmlichen Koordinaten der Wirklichkeit verlieren ihre Kraft, was wirklich ist, kommt ins Fließen. Müller spricht – philosophisch – von einer ‚fluktuierenden bzw. fluiden Ontologie'. Durch die elektronischen Medien wird ja neben der gewissermaßen wirklichen Wirklichkeit auch die medial produzierte, virtuelle Wirklichkeit zur Wirklichkeit. So verschwimmt die Grenze zwischen wirklich und unwirklich endgültig. Es scheint nicht mehr schlüssig, den Begriff der Wirklichkeit nur mehr einer Form von Wirklichkeit vorzubehalten.

Klaus Müller führt seine Analyse noch weiter: „Es gibt keine virtuelle Realität, weil es die eigentliche Wirklichkeit nicht gibt, gegen die jene sich abgrenzen müßte." Mit anderen Worten: Was wirklich ist, das lässt sich nicht mehr – gewissermaßen positiv – sagen; es bleibt nur die *Frage, was wirklich ist*. Die Annahme einer virtuellen Wirklichkeit im Cyberspace – so Müller – zwingt uns „die Frage nach seinem Sein oder Nicht-Sein anders zu verstehen – nicht als die Suche nach einer abschließenden Antwort, sondern als Aufforderung, sie als Frage anzunehmen. Die Pointe ist die Betonung... Die Frage nach dem Sein oder Nicht-Sein anzunehmen heißt, die Spannung, die in ihr steckt, auszuhalten." Damit ergibt sich nicht nur eine Art Unsicherheit in einem Teilbereich unserer Wirklichkeits-Wahrnehmung. Es werden bisher als stabil vorausgesetzte Koordinaten unseres Wirklichkeitsverständnisses und damit die Wirklichkeit der Wirklichkeit insgesamt infrage gestellt. Es kommt zu einer grundlegenden Verunsicherung in der Wahrnehmung dessen, was als wirklich bezeichnet werden kann.

Es braucht nicht viel Phantasie, um sich vorzustellen, dass sich das auch auf die Frage auswirkt, ob Gott eine Wirklichkeit ist. Wenn schon in der alltäglichen Welt unsicher ist, wo die Grenze zwischen wirklich und unwirklich verläuft, dann wohl auch, wenn es um Gott geht. Auf der anderen Seite hat die skizzierte Situation für die Rede über Gott auch etwas Gutes. Was die Wirklichkeit betrifft, gibt es kein Monopol. Die vorschnelle Rede von harten Fakten (die oft den empirischen Wissenschaften zugeschrieben werden) muss ebenso infrage gestellt werden, wie die leichtfertige Behauptung, dass Gott und der Glaube nur Illusionen sind. Aber damit sind die aufgeworfenen Fragen noch nicht beantwortet. Es bleibt auch für gläubige Menschen und die Theologie die Frage virulent, wie wirklich die Wirklichkeit ist.

***

Wie Gott aus dem Blick gerät bzw. geraten kann. Das war die Frage, von der dieser Abschnitt seinen Ausgang genommen hat. Die genannten Möglichkeiten legen nicht zuletzt die Vermutung nahe, dass für nicht wenige Menschen, die den Gottesglauben nicht teilen, weniger religionskritische Argumente den Ausschlag geben als vielmehr Denkweisen, die in Summe eine Mentalität und ein Weltbild ergeben, in dem Gott seine Bedeutung verloren hat.

Auf jeden Fall können die vorgelegten Überlegungen als Mahnung zur Vorsicht gelesen werden. Jeder kann über Gott sprechen – Menschen, denen Gott wichtig ist, und Menschen, die Gott für ein Problem halten. Wer Gott überlegt zur Sprache bringen will, der muss damit weit im Vorfeld beginnen. Er muss sich der Voraussetzungen bewusst werden, die dabei – oft unbemerkt – ins Spiel kommen. Er muss klären, unter welchen Voraussetzungen Gott überhaupt in den Blick kommen und zur Sprache gebracht werden kann. Und er muss sich darüber im Klaren sein, dass es unter bestimmten Voraussetzungen – psychologisch und sachlich – nicht oder nur schwer möglich ist, Gott als Wirklichkeit wahrzunehmen und über ihn zu sprechen. Auch das kann man aus der langen Geschichte des Denkens über Gott lernen.

IV. GOTT ALS VERNÜNFTIGE ÜBERZEUGUNG

In der Geschichte des Denkens und der Religionen gibt es verschiedene Wege, auf denen Menschen Gott gesucht und erkannt haben. Im Christentum sind es – abgesehen von außergewöhnlichen mystischen Erfahrungen und Einsichten – vor allem zwei[1]: Ein Weg ist der Glaube, der sich auf Ereignisse und Erfahrungen in der Geschichte stützt, die als Offenbarung Gottes verstanden worden sind und werden. Ein zweiter Weg ist der Weg von Argumenten, der ebenfalls von Erfahrungen ausgehen kann, sich aber allein auf die Vernunft stützt. Auf beiden Wegen sind vielgestaltige Erfahrungen und Argumente im Spiel, aber auf dem zweiten Weg wird nicht auf den Glauben an eine Offenbarung in der Geschichte zurückgegriffen.

Glaube und Wissen

Diese beiden Wege müssen nicht als voneinander unabhängige Alternativen verstanden werden, sondern können einander ergänzen. Wenn man nicht davon ausgeht, dass Gott existiert und erkennbar ist, sondern zuerst die Existenz und Erkennbarkeit Gottes nachweisen will, dann kommt Vernunft-Argumenten ein Vorrang zu, weil sie die buchstäblich grund-legenden Aspekte der Gotteserkenntnis zum Thema machen und so verstehen lassen, worum es geht, wenn von Gott und seiner Offenbarung die Rede ist. Sie machen Gott denkbar.

Das Verhältnis zwischen einer Gotteserkenntnis allein mit Vernunftargumenten und einer Gotteserkenntnis auf der Grundlage des Glaubens kann mit zwei verschiedenen Landkarten verglichen werden. Die Erkenntnis, die sich allein auf Vernunftargumente stützt, ist vergleichbar mit einer Übersichtskarte, die sich auf einen bestimmten Aspekt (z. B. Verkehrswege) konzentriert. Dagegen kann man die Glaubenserkenntnis mit einer Karte vergleichen, die viele Details umfasst. So bietet die gläubige Erkenntnis Gottes in der Bibel, der Theologie und der Spiritualität eine Vielfalt von Erzählungen, Einsichten und Aspekten; die Gotteserkenntnis mithilfe der Vernunft beschränkt sich dagegen auf einige grundlegende Aspekte wie die Existenz Gottes, Gott als Urgrund, als das Absolute usw.

Die Art und Weise, wie die zwei Wege der Gotteserkenntnis hier charakterisiert werden, deutet bereits an, dass die plakative Gegenüberstellung von Glaube und Vernunft der Sache nicht gerecht wird. Das gilt auch dann, wenn sie rhetorisch einprägsam ist, wie die polemische Frage „Glaubst du noch oder weißt du schon?" Im Grunde ist das ja keine Frage, sondern Ausdruck der Überzeugung, dass der Glaube als ein Weg der Erkenntnis und des Wissens heute längst durch wissenschaftlich gesicherte Einsichten ersetzt worden und deshalb überflüssig sei. Wer wissen will, wie das Universum entstanden ist, der sucht die Antwort nicht mehr auf den ersten Seiten der Bibel, sondern in den Naturwissenschaften.

Überhaupt ist eine Gegenüberstellung von Glaube und Wissen in vieler Hinsicht problematisch. Es beginnt damit, dass wir uns mit dem meisten Wissen auf Auskünfte im Unterricht oder in Büchern verlassen, ihnen Glauben schenken und so unser Wissen gewinnen. Auf der anderen Seite stützt sich ein solcher Glaube normalerweise auch auf ein vorausgehendes Wissen – z. B. das Wissen, dass ich bestimmten Personen glauben kann, weil ich weiß, dass sie vertrauenswürdig sind. Glaube und Wissen ergänzen einander.[2]

Wenn es um den religiösen Glauben geht, muss man noch einen Schritt weitergehen. Auch in diesem Fall stützt sich der Glaube seinerseits auf Instanzen, die uns Glaubenswissen bzw. eine gläubige Überzeugung vermittelt haben – Eltern, Frauen und Männer, Bücher usw. Das ist allerdings nur der erste Schritt. Entscheidend für den religiösen Glauben ist, ob ein Mensch angesichts dessen, was er mithilfe anderer in Erfahrung gebracht hat, dazu kommt zu sagen: ‚Ich glaube an Gott.' Erst ein solches Bekenntnis bringt zum Ausdruck, dass ein Mensch sich Gott gegenüber weiß und ihm angesichts dessen, was er über ihn erfahren hat, sein gläubiges Vertrauen schenkt, sein Leben an ihm ausrichtet und von ihm bestimmen lässt. Das ist gemeint, wenn christlich bzw. theologisch vom Glauben die Rede ist.

Wenn ich auf dem Fundament des Glaubens Gott und dem, was er über sich zu erkennen gegeben hat, vertraue, dann gewinne ich daraus ein Wissen – ein Glaubenswissen. Ich weiß dann zum Beispiel, dass Gott die Liebe ist, dass er die Menschen zu einem Leben über den Tod hinaus beruft, dass Gottes- und Nächstenliebe die grundlegenden Imperative für ein gutes Leben sind usw. Das

Fundament dieses Wissens ist also der Glaube, der sich auf die Offenbarung Gottes stützt. Alles in allem: Glaube und Wissen sind keine Gegensätze, sondern ergänzen einander.

Fast jeder, dem es um Gott geht, lässt sich – auch – auf den Weg ein, der sich allein auf die Vernunft stützt. Von besonderem Interesse ist dieser Weg allerdings für jene, die keinen religiösen Glauben teilen und z. B. ausgehend von der Philosophie oder den Naturwissenschaften über die Menschheitsfrage ‚Gott' nachdenken. Früher oder später fragen sie sich, ob es diese Wirklichkeit gibt, die mit dem Begriff ‚Gott' bezeichnet wird. Sie werden Argumente prüfen, die für und gegen die Existenz Gottes vorgebracht werden. Sie werden fragen, welche Kennzeichen und Eigenschaften Gott zugesprochen werden können bzw. müssen, ob Gott widerspruchsfrei denkbar ist usw.

Aber solche philosophischen Argumente pro und contra Gott sind nicht nur außerhalb des Glaubens von Interesse, sondern auch für Glaubende. Denn es will ja niemand an Gott glauben, wenn man mithilfe von Argumenten zeigen kann, dass dieser Glaube unvernünftig ist. Mit anderen Worten: Der Weg, der sich allein auf Vernunftargumente stützt, kann für Glaubende zur Selbstvergewisserung, aber auch zur Rechtfertigung und Verteidigung ihres Glaubens bedeutsam werden.[3] Im Hintergrund steht dabei die Überzeugung, dass Gott nicht nur der Grund des Glaubens, sondern auch der Schöpfer der Vernunft ist. Daher könne es, wie bereits in der mittelalterlichen Theologie gesagt wurde, zwischen Glaube und Vernunft auf der grundsätzlichen Ebene keinen Widerspruch geben.[4] Und deshalb könne mithilfe der Vernunft gezeigt werden, dass die Überzeugung, dass es Gott gibt, eine vernünftige Option ist. Genau darum geht es auf den folgenden Seiten.

Der Ort des Glaubens

Wenn Gott als eine vernünftige Option angesehen werden kann, dann bleibt immerhin noch die Frage, wozu diese Option in einem modernen, von den Wissenschaften geprägten Weltbild gut sein soll, wo sie ihren Platz hat. Madeleine Delbrêl – von ihr war bereits die Rede – hat die Gefahr gesehen, dass in bestimmten Milieus

Gott zwar nicht geleugnet oder verfolgt, aber faktisch undenkbar wird. Und erläuternd fügt sie hinzu, dass das eine Welt wäre, in der „kein Platz bleibt, wo wir unsere Füße hinstellen könnten"[5]. Das Bild ist einprägsam: Für den Glauben an Gott bleiben kein Platz, kein Bedarf und damit auch keine Möglichkeit, ihn denkerisch zu verorten.

Was Delbrêl fast poetisch und anschaulich beschreibt, das ist in der Theologie schon längst zu einer Fragestellung geworden, die man eigentlich nicht umgehen kann. Man muss sich der religionskritischen Meinung stellen, dass das ungesicherte Wissen des Glaubens Schritt für Schritt durch die gesicherten Erkenntnisse der Wissenschaften ersetzt worden ist bzw. wird. Wer daher für den Glauben an Gott eintritt, der muss zeigen, dass es im weiten Feld der menschlichen Erkenntnis der Wirklichkeit einen Bereich gibt, wo etwas nur geglaubt, aber nicht bewiesen werden kann.

Diesem Thema hat sich zum Beispiel Joseph Ratzinger in seiner *Einführung in das Christentum* gestellt. Dabei setzt er zwei Weisen des Denkens voraus, die sich unterscheiden, aber beide unverzichtbar sind. Auf der einen Seite findet er das ‚rechnende Denken', das er den Wissenschaften, insbesondere den Naturwissenschaften und der Technik zuordnet, auf der anderen Seite das ‚besinnliche Denken', dem es um den Sinn und die philosophischen Grundentscheidungen geht.[6] Diese Grundentscheidungen stellen die Grundlage des Denken und damit auch aller Wissenschaft dar. Sie lassen sich nicht zwingend aus gesicherten Erkenntnissen ableiten, sondern sind Optionen, also Entscheidungen, die sich in weiterer Folge im Denken erst bewähren müssen bzw. bewähren. Sie können in einem weiteren Sinn als Glaubensentscheidungen verstanden werden. Zu Recht weist Ratzinger darauf hin: „Jeder Mensch muß in irgendeiner Form zum Bereich der Grundentscheidungen Stellung beziehen, und kein Mensch kann das anders als in der Weise eines Glaubens tun."[7] Anschließend an Ratzinger kann man als Beispiele nennen: die Antwort auf die Frage, ob es eine von unserer Erkenntnis unabhängige Außenwelt gibt; ob wir unserer Erkenntnis der Wirklichkeit trauen können; ob das eine oder das andere Sinn macht usw.

Ratzinger übersieht nicht, dass es Versuche gibt, diesen Bereich des besinnlichen Denkens auf das rechnende Denken zurückzuführen. Zu seiner Zeit nennt er den Marxismus als einen solchen Versuch, heute wird man auf den Naturalismus verweisen müssen. Aber Ratzinger bleibt dabei: Die Grundentscheidungen können nicht auf gesichertes Wissen zurückgeführt werden, sie sind die „Form des Standfassens des Menschen im Ganzen der Wirklichkeit, die Sinngebung, ohne die das Ganze des Menschen ortlos bliebe, die dem Rechnen und Handeln des Menschen vorausliegt"[8]. Und genau an dieser Stelle weist er auch dem Glauben an Gott seinen Ort zu:

„Christlich glauben bedeutet ja, sich anvertrauen dem Sinn, der mich und die Welt trägt; ihn als festen Grund nehmen, auf dem ich furchtlos stehen kann ... Es bedeutet das Jasagen dazu, daß der Sinn, den wir nicht machen, sondern nur empfangen können, uns schon geschenkt ist, so daß wir ihn nur zu nehmen und uns ihm anzuvertrauen brauchen."[9]

Diese Überlegungen von Ratzinger sagen selbstverständlich nichts darüber aus, ob es Gott gibt oder nicht. Aber durch sie wird deutlich, dass Grundentscheidungen nur in Form eines – im weiteren Sinn des Wortes verstandenen – Glaubens getroffen werden können – ob dabei Gott ins Spiel gebracht wird oder nicht. Sie können nicht wissenschaftlich ‚bewiesen' werden, sind aber deshalb nicht beliebig, sondern müssen sich im Umgang mit der Wirklichkeit bewähren – nicht zuletzt in den Wissenschaften. Auf jeden Fall kann so gezeigt werden, dass der Glaube wissenschaftstheoretisch betrachtet nicht ‚ortlos' ist.

An dieser Stelle kann auch auf Immanuel Kant verwiesen werden. Er hat auf andere Weise für den Glauben Platz gemacht. Er hat in seiner *Kritik der reinen Vernunft* keine Möglichkeit gesehen, dass man mithilfe der Vernunft die Existenz Gottes beweisen könnte. Aber er hat darauf hingewiesen, dass es Fragen gibt, an denen Menschen nicht vorbeikommen, die sie aber nicht mithilfe der Wissenschaft beantworten können[10]: ‚Was können wir wissen? Was dürfen wir hoffen? Was sollen wir tun?' Wer auf solche Fragen eine Antwort formuliert, trifft damit eine Entscheidung, man kann auch sagen: eine Glaubensentscheidung. Solche Entscheidungen sind nicht beliebig, auch nicht die Entscheidung für oder gegen Gott. Wenn sie als vernünftig gelten soll, muss man dafür Gründe vorlegen.

Kann die Vernunft zu Gott führen? Die bisher in diesem Abschnitt genannten Überlegungen sind keine Beweise für die Existenz Gottes. So waren sie auch nicht gemeint. Sie zeigen aber, dass es möglich ist, der Überzeugung, dass es Gott gibt, im Gesamt des menschlichen Umgangs mit der Welt und des menschlichen Erkennens einen Platz zuzuweisen. Eine solche Überzeugung muss nicht als irrational angesehen werden – was Kritiker und Kritikerinnen immer wieder nahelegen. Ja, es kann deutlich gemacht werden, was von gläubigen Denkern vertreten worden ist und wird: Die Vernunft kann zu einem Weg werden, der bis an den Punkt führt, wo sich die Überzeugung nahelegt oder aufdrängt, dass Gott existiert.

Die offene Frage nach Gott

Was den philosophischen Zugang zu Gott betrifft, scheint die Frage ‚Warum ist überhaupt etwas und nicht vielmehr nichts?' nach wie vor eine hohe Bedeutung zu haben. Und das nicht nur philosophiegeschichtlich. Dass ich existiere, dass es die Natur gibt und das Universum – das scheint uns in der Regel selbstverständlich. Für die meisten Menschen gehören diese Überzeugungen zu den Grundentscheidungen, die sie nicht infrage stellen. Aber sie sind nicht selbstverständlich. Warum existiert denn überhaupt etwas? Das ist eine ebenso einfache wie abgründige Frage. Und so hat sie auch Eingang in die Philosophie gefunden. „Warum ist überhaupt etwas und nicht vielmehr nichts?" Nicht nur der Philosoph Gottfried Wilhelm Leibniz († 1716) hat diese Frage formuliert, die wohl zu Recht wie selten eine andere als philosophische Frage, als eine ‚letzte Frage' gelten kann. Wenn auf alle möglichen Fragen Antworten gegeben worden sind, dann taucht sie unvermeidlich auf: Ja – warum ist denn überhaupt etwas? Warum gibt es das, was wir Wirklichkeit nennen?

Auch der in Oxford lehrende polnische Philosoph Leszek Kolakowski († 2009) hat in seinem Buch *Falls es keinen Gott gibt* diese Frage aufgegriffen und einige Klärungen vorgenommen. Er ist sich bewusst, dass jemand, der nur ein naturwissenschaftliches Fragen und Antworten gelten lässt, diese Frage für sinnlos hält, weil es keinen denkbaren Weg zu ihrer Beantwortung bzw. zur Überprüfung einer Antwort gebe. Aber für Kolakowski ist dieses Kriterium für Sinn bzw. Sinnlosigkeit willkürlich. Für ihn gibt es gute Gründe, nicht nur die Sprache der Naturwissenschaften als sinnvoll anzuerkennen. Das ist entscheidend. Denn hinter nicht wenigen Einwänden, die aus einer naturwissenschaftlichen Perspektive gegen den Gottesglauben erhoben werden, steht ein eingeschränkter Begriff der Wirklichkeit. Man sieht nur das als wirklich an, was mit naturwissenschaftlichen Methoden erforscht werden kann. Das aber ist eine willkürliche Einschränkung, die sich nicht begründen lässt. Viele Phänomene sind naturwissenschaftlich nicht fassbar. Und wer über Gott sprechen will, muss ein solches eingeschränktes Verständnis von Wirklichkeit ablehnen. Die Frage von Leibniz fordert eine solche Ablehnung heraus.

In diesem Sinn muss die philosophische Frage nach dem Urgrund von der wissenschaftlichen Frage nach Ursachen innerhalb der Wirklichkeit unterschieden werden. Wenn man den Unterschied zwischen Urgrund und Ursache nicht beachtet, führt das zu problematischen Schlussfolgerungen.[11] Wenn man aber ein weiteres Verständnis von Wirklichkeit und Sprache gelten lässt, dann hat das Folgen. Denn dann – so wieder Kolakowski – „bewahrt uns nichts vor Leibniz' schrecklicher Frage, warum überhaupt etwas existiert und nicht vielmehr nichts."[12] Es ist eine schreckliche Frage, weil sie ins Unüberschaubare und Abgründige zielt. Mit dieser Frage ist für Kolakowski selbstverständlich nicht die Existenz Gottes bewiesen, wohl aber, dass unser Denken nicht möglich ist, ohne ein Absolutes zu denken. Das Absolute ist die unumgängliche Voraussetzung unseres Denkens. Und so fährt er fort: „Gewiß erscheint der Gott, der sich unserem Denken auf diese Weise aufdrängt, ... nicht als der christliche Richter und Wohltäter, doch ist dieser Gott auch nicht ein *figmentum rationis.*"[13]

Kolakowski unterscheidet damit den als das Absolute gedachten Gott des philosophischen Denkens klar vom Gott des religiösen Glaubens. Aber er betont noch einmal, dass Gott als das Absolute nicht ein Phantasieprodukt oder eine Erfindung (figmentum) sei, sondern dass dafür Gründe genannt werden können. Die Rede vom Absoluten ist die Rede von etwas Denknotwendigen. Ob diesem

Denknotwendigen auch in der vom Denken unabhängigen Wirklichkeit etwas entspricht, muss für Kolakowski an dieser Stelle offenbleiben. Die Rede vom Absoluten markiert ebenso wie die Frage, warum überhaupt etwas ist, gewissermaßen eine Leerstelle, auf die die Vernunft stößt, wenn sie hartnäckig philosophisch fragt. Sie verweist auf eine Leerstelle, nicht mehr, aber auch nicht weniger.

Gott ist denkbar

Wenn man sich Gott von der Seite der Philosophie nähert, dann sind die Aussagen über ihn meistens zurückhaltend. Man wird längst nicht alles sagen können, was z. B. im christlichen Glaubensbekenntnis zur Sprache kommt. Aber ihre knappen Auskünfte sind weder unwichtig noch unbedeutend. Das gilt nicht zuletzt für die Frage, ob Gott überhaupt widerspruchsfrei gedacht werden kann. Das ist auf verschiedene Weise und mit unterschiedlichen Argumenten immer wieder infrage gestellt worden. Auch der bereits vorgestellte Philosoph Antony Flew hat lange Jahre die Idee Gottes als eines körperlosen allgegenwärtigen Geistes für in sich widersprüchlich gehalten. Das war der Angelpunkt seines Atheismus, den er freilich gegen Ende seines Lebens aufgegeben hat.[14]

Dass Gott widerspruchsfrei denkbar ist, das hat Holm Tetens in seinem Buch *Gott denken* herausgestrichen – und nicht nur er. Der Schlüssel dafür ist für Tetens der Status des Wortes ‚ich'. Das Wort ‚ich' meint für jemanden, der damit von sich selbst spricht, nicht das Gleiche wie das Wort ‚er' oder ‚sie', das ein Beobachter im Blick auf die gleiche Person verwendet. Der Satz ‚Er kommt.' bringt eine Beobachtung zur Sprache. Wenn der Kommende aber sagt ‚Ich komme.', dann bringt er damit mehr als eine Beobachtung zum Ausdruck. Er macht deutlich, dass er weiß, dass er kommt. Der Begriff ‚ich' verweist auf die Wirklichkeit des Bewusstseins, in diesem Begriff bringt er die Erfahrung des menschlichen Geistes zur Sprache. ‚Ich' ist kein beschreibender Begriff, sondern Tetens bezeichnet dieses Wort als einen Ausdruck, der auf etwas hinweist, als einen indexikalischen Ausdruck.[15]

Ausgehend von der Erfahrung des menschlichen und daher begrenzten Geistes ist es nach Tetens möglich, den Begriff des ‚unbegrenzten Geistes' zu bilden. Das sei widerspruchsfrei denkbar. Und so formuliert er: „Es gibt Gott als unendliches vernünftiges Ich-Subjekt; und Gott schafft insbesondere uns Menschen als vernunftfähige endliche Ich-Subjekte."[16] Diese Aussage beschreibt – so Tetens – „eine logisch-begrifflich widerspruchsfreie Möglichkeit."[17] Sie beweist nicht die Existenz Gottes, aber sie bringt die Denkbarkeit Gottes zum Ausdruck.

Gott widerspruchsfrei zu denken, ist allerdings nicht ein für alle Mal erledigt. Es gibt immer wieder Anlässe, Gott auf neue Weise zu denken, um ihn so mit dem Wissen der Zeit in Einklang zu bringen. Und es kann sein, dass ein solcher Versuch nicht auf Anhieb gelingt. Nicht selten hat das auch damit zu tun, dass Begriffe mit ganz bestimmten Vorstellungen verbunden sind, die sich als problematisch herausstellen. Als Beispiel kann die Rede von einem ‚persönlichen Gott' genannt werden. Nicht zuletzt aufgrund der bildlichen Darstellungen z. B. in den Barockkirchen führt das zum Bild eines Gott-Vaters, der eine Art jenseitige Super-Person über den Wolken ist. Natürlich werden alle sagen, dass das ‚nur' ein Bild ist, aber es prägt nicht nur unsere Vorstellungen, sondern auch unser Denken. So lange man von einem dreistöckigen Weltbild mit einem Himmel, der Erde und der Unterwelt ausgegangen ist, hatte das durchaus eine gewisse Plausibilität. Aber wie ist das in einem modernen, von den Naturwissenschaften geprägten Weltbild, in dem es nicht einmal ein oben oder unten gibt. Was bedeutet in diesem Kontext ‚jenseitig'? Es verwundert nicht, dass es Vorschläge gibt, den auf herkömmliche Weise theistisch-jenseitigen durch einen panentheistisch (nicht: pantheistisch) gedachten Gott zu ersetzen, also durch die Vorstellung, dass die ganze Wirklichkeit in Gott ist. Dieser Vorschlag ist allerdings noch nicht zu Ende diskutiert. Kritiker erheben Einspruch, dass in diesem Fall Gott nicht mehr als Gegenüber gedacht werde. Das aber wird wieder von denen bestritten, die den Panentheismus vertreten.[18]

Für und gegen Gottesbeweise

Wenn es um die Frage geht, ob es Vernunft-Argumente für den Glauben an Gott oder für die Existenz Gottes gebe, fällt früher oder später der Begriff ‚Gottesbeweis'. Sehr schnell zeigt sich, dass es umstritten ist, ob es einen solchen Beweis gibt, geben kann oder ob er überhaupt wünschenswert ist. Auf der einen Seite stehen die, die sagen, dass man Gott, genauer: die Existenz Gottes nicht beweisen könne. Und das behaupten nicht nur Frauen und Männer, die dem Glauben gegenüber kritisch eingestellt sind, sondern auch gläubige Menschen, die darauf bestehen, dass Gott über alles Bemühen der menschlichen Vernunft unendlich erhaben ist. Ein Gott, den man beweisen könnte, wäre deshalb kein Gott. Andere verweisen auf die Geschichte der Philosophie, in der auch prominente Stimmen behauptet haben, dass es solche Beweise gibt.

Es wäre wohl etwas zu ehrgeizig, die Frage der Gottesbeweise in einigen wenigen Seiten beantworten zu wollen. Aber einige Hinweise scheinen auf jeden Fall angebracht. Zuerst: Der Begriff ‚Gottesbeweis' ist in der heutigen, von den Wissenschaften geprägten Welt auf jeden Fall missverständlich. Er lässt an die Art und Weise denken, wie man z. B. beweist, dass ein bestimmtes Ereignis den Stromausfall in einer Stadt verursacht hat, oder dass Wien eine Millionenstadt ist. Selbstverständlich kann man auf diese Weise nicht beweisen, dass Gott existiert. Denn Gott ist nicht ein Teil der Wirklichkeit, in der wir leben, sondern der alles tragende Grund dieser Wirklichkeit.

An zweiter Stelle muss auf ein Argument verwiesen werden, das im ersten Augenblick plausibel erscheint: Wenn Gott in einem Gottesbeweis – z. B. von Thomas von Aquin[19] – als die alles andere erklärende Ursache ins Spiel gebracht wird, dann sei es doch möglich zu fragen, ob es nicht auch für Gott eine Ursache gibt. Oder anders gefragt: Ist es nicht willkürlich, ausgerechnet bei Gott die Kette der Ursachen zu unterbrechen?[20] Gegen diesen Einwand wird von Verteidigern der Gottesbeweise darauf hingewiesen, dass es gute Gründe gibt, die Ursachenkette nicht ins Unendliche weiterzuführen. Denn es gibt nicht nur eine große Zahl von Wirkursachen, sondern auch den Urgrund, der diese Wirkursachen und ihr Zusammenspiel gewissermaßen trägt. Gott ist nicht das erste Glied einer Ursachenkette, sondern der alles tragende Grund aller Wirklichkeit, also auch der Ursachenkette. Paul Weingartner, ausgewiesen durch einschlägige wissenschaftstheoretische Publikationen, hält deshalb die genannte Kritik an den Gottesbeweisen für

„gänzlich inadäquat" und geht davon aus, dass sie „auf Ignoranz oder Missverständnissen beruht."[21]

Schließlich ist festzuhalten, dass die Zurückhaltung gegenüber den Gottesbeweisen nicht bedeutet, dass die Existenz Gottes und der Glaube an ihn gänzlich außerhalb des Zuständigkeitsbereiches der Vernunft liegt, dass also der Glaube an Gott nicht rational, sondern irrational, ein Phantasieprodukt sei. Es können sehr wohl Argumente vorgetragen werden, die dafür sprechen, dass es vernünftig ist, von der Existenz Gottes überzeugt zu sein bzw. an ihn zu glauben. In diesem Sinn können auch die bedeutungsvollen Ausführungen eines Thomas von Aquin verstanden werden, der nicht von Gottesbeweisen, sondern von ‚fünf Wegen' spricht. Klaus Müller fasst den Sinn dieser Denkwege bei Thomas so zusammen:

> „Im Gottesbeweis geht es nicht um die Aufdeckung von etwas völlig Neuem oder um die Widerlegung dessen, der Gottes Existenz bestreitet. Vielmehr sollen im Gottesbeweis in schlussfolgernder Form Gründe für das Recht und die Vernunftgemäßheit der Annahme der Existenz Gottes benannt werden. Eine bereits gegebene vorargumentative oder intuitiv und emotional fundierte Gottesgewissheit soll ausdrücklich gemacht und als solche durch die Benennung von Erkenntnisgründen intellektuell plausibilisiert werden. Gottesbeweise dienen einer methodisch vorgehenden reflexiven Selbstvergewisserung von Glaubenden."[22]

Zu zeigen, dass die Annahme der Existenz Gottes zwar nicht zwingend, aber vernunftgemäß ist – das ist auch der gemeinsame Nenner der Überlegungen und der Denkwege, die im Folgenden dargestellt werden sollen.

Naturwissenschaftliche Erkenntnisse und Glaube an Gott

Es sind nicht nur philosophische Argumente, die in die Diskussion um Gott eingebracht werden können, sondern auch in den Naturwissenschaften finden sich Anhaltspunkte, die die Annahme der

Existenz Gottes nicht unmöglich, sondern im Gegenteil naheliegend und vernünftig erscheinen lassen. Dabei geht es nicht darum, dass aus naturwissenschaftlichen Erkenntnissen die Existenz Gottes abgeleitet wird, oder dass Gott als Erklärungshypothese eingesetzt wird. Aber es kann gezeigt werden, dass beim jetzigen Stand der naturwissenschaftlichen Erforschung des Kosmos und der Evolution nicht nur für Gott Raum bleibt, sondern dass einiges für die Existenz Gottes spricht. Man kann auf nicht wenige naturwissenschaftliche Einsichten hinweisen, die für eine Verbindung mit dem Glauben an Gott, also für eine theistische Deutung offen sind bzw. sie nahelegen. Und deshalb muss man zum Beispiel auch keinen Widerspruch zwischen der Evolutionstheorie und dem Glauben an einen Schöpfer-Gott sehen.

Eben war von naturwissenschaftlichen Erkenntnissen und gläubiger Deutung die Rede. Damit wurde vielleicht ein wenig zu beiläufig eine nicht unwichtige Unterscheidung ins Spiel gebracht, die in der Diskussion manchmal übersehen oder verschwiegen wird. Aber es ist immer notwendig auseinanderzuhalten, was im strengen Sinn Ergebnis der Wissenschaften und was weltanschauliche Deutung ist. Dabei ist zu beachten, dass die weltanschauliche Deutung nicht nur im Nachhinein erfolgen kann, sondern bereits in die Fragestellung am Ausgangspunkt oder in den Fortgang der Untersuchungen einfließt. Das ist bis zu einem bestimmten Grad unvermeidlich. Aber gerade dann, wenn es um die Frage geht, ob eine naturwissenschaftliche Erkenntnis für oder gegen den Glauben an Gott spricht, ist es wichtig, beides möglichst sauber zu unterscheiden. Und man darf nicht übersehen, dass auch eine Deutung ohne Gott eine Deutung ist und nicht ein Ergebnis der Wissenschaft.

Was heißt das im Blick auf die Evolutionstheorie? Sie legt ohne Zweifel in vielen Bereichen schlüssige Erklärungen vor, aber längst nicht in allen. Dass hier mehr oder weniger alles geklärt sei, wie manche naturalistisch inspirierte Denker forsch behaupten, trifft einfach nicht zu. Nicht wenige Fragen bleiben, wenigstens bisher, unbeantwortet. Und manche wird man vielleicht mit naturwissenschaftlichen Methoden prinzipiell nie beantworten können.

So kann man z. B. auf die sogenannten Emergenzen verweisen, also auf Übergänge der Evolution auf eine neue Ebene.[23] Namhafte Wissenschaftlerinnen und Wissenschaftler vertreten die Auffassung, dass selbst die Entstehung lebendiger Zellen in Wirklichkeit noch nicht restlos geklärt ist. Noch weniger ist geklärt, wie aus dem Gehirn und seinen neuronalen Netzwerken das Ich-Bewusstsein hervorgehen kann – also ein Denken, das um das eigene Denken weiß und in einer Aussage wie ‚ich denke jetzt an das oder das' zum Ausdruck gebracht wird. So verweist Holm Tetens darauf, dass der Naturalismus bisher nicht verständlich machen kann, warum „in einer rein materiellen Welt schließlich erlebnisfähige selbstreflexive Ich-Subjekte" – also denkende Wesen – „auftauchen."[24]

Aber es bleiben in diesem Zusammenhang nicht nur naturwissenschaftliche, sondern auch philosophische Fragen offen, die nicht in die Kompetenz der Naturwissenschaften fallen, aber eben doch Fragen sind, die sich nahelegen. Hans Kessler formuliert einige so: „Warum kommt es überhaupt zum Urknall, zur Feinabstimmung, zu Leben und dann beim Lebendigen zur ‚Höherentwicklung'…, wenn doch einfachere Formen biologisch ‚bestens angepasst', voll funktions- und überlebensfähig sind?"[25]

Früher oder später stößt man damit auf das Thema ‚Zufall'. Nicht Gott lenkt – so sagen manche – die Entwicklung, sondern der Zufall. Aber ist der Verweis auf den Zufall wirklich eine Erklärung oder nur eine Bezeichnung des Unerklärlichen? Auf jeden Fall ist er mit extremen Unwahrscheinlichkeiten verbunden, mit denen man z. B. beim Übergang zum Leben rechnen muss bzw. rechnet. Aber abgesehen von den naturwissenschaftlichen Fragen im Detail kann man grundsätzlich feststellen: Den Zufall an die Stelle Gottes zu setzen, den Schöpfer-Gott und den Zufall als einander ausschließende Alternativen anzusehen, ist beim heutigen Stand des Wissens ein Missverständnis. In einer gläubigen Deutung der Evolution kann Gott als der Schöpfer des Zufalls verstanden werden und das derart, dass ein „Sinnzusammenhang in Zufallsereignissen"[26] denkbar wird. Zufall und ein sinn-gerichtetes Denken schließen einander also nicht aus.[27]

Und noch eine weitere Überlegung: Wenn es um die Entstehung des Universums geht, dann stößt man nicht zuletzt auf die Voraussetzungen für die Entstehung des Lebens, die – mit den Worten Kesslers – „extrem unwahrscheinliche Feinabstimmung seiner Naturkonstanten, die notwendig war für das Auftreten von Leben"[28]. Um sie zu erklären, bringen manche die Multiversen-Theorie ins

Spiel, also die Annahme unendlich vieler Parallelwelten. Unter ihnen habe sich schließlich eine, nämlich unser Universum ergeben, in der die Voraussetzungen gegeben waren, die eine Entwicklung bis zum Leben und zum menschlichen Bewusstsein möglich gemacht haben. Mit Hans Kessler darf man aber skeptisch bleiben. Er sieht in der Multiversen-Theorie den Versuch, „das Problem der Erklärungsbedürftigkeit und theistischen Erklärungsmöglichkeit eines Anfangs der Welt"[29] zu umgehen. Und die Multiversen-Theorie hat eine fatale Schwäche: Sie kann prinzipiell nicht überprüft und muss daher als „reine Spekulation"[30] bezeichnet werden.

Zusammenfassend kann man mit Holm Tetens feststellen, dass der Glaube an Gott – im Unterschied zu naturalistischen Darlegungen – einsichtig machen kann, „warum wir Menschen als erlebnisfähige, selbstreflexive Ich-Subjekte in der materiellen Welt heimisch werden müssen; warum wir materiell verkörperte Ich-Subjekte sind; warum zur Erfahrungswelt immer auch Phänomene starker Emergenz gehören; warum aber das Mentale noch nicht einmal stark aus dem Physischen emergiert, sondern lediglich notwendige physische Bedingungen hat; warum die Welt prinzipiell durch vernünftige Wesen erkennbar ist."[31] Und Tetens fügt hinzu: Der Glaube an einen Schöpfergott „kann somit empirische Befunde erklären, während der Naturalismus bei ihnen explanatorisch versagt"[32], also dafür keine Erklärung hat.

So bleiben nach wie vor auch im Bereich der Kosmologie und daher im Bereich der Naturwissenschaften Anhaltspunkte für die Annahme eines Schöpfergottes – nicht als wissenschaftliche Erklärungshypothese, sondern als Hintergrundwissen bzw. Deutung, die aber mit den gesicherten naturwissenschaftlichen Ergebnissen gut übereinstimmt bzw. sie ergänzt.

An Gott glauben angesichts des Übels

Gott ist Geheimnis, er ist unbegreiflich. Dieser Satz spricht von der Größe Gottes und erinnert daran, dass Gott nicht einfach Teil der Welt und ein Gegenstand der Erkenntnis unter anderen ist, sondern ihr Schöpfer und tragender Urgrund. Aber zugleich lässt das Wissen um Gottes Unbegreiflichkeit auch Raum für den Zweifel:

Vielleicht erscheint Gott unserem Denken deshalb als unbegreiflich, weil die Vorstellung eines Gottes angesichts der Welt so wie sie ist, einfach widersinnig ist. Angesichts des Übels und des Leides in der Welt kann sich dieser Verdacht nicht nur auf die Logik stützen, sondern auch von einem tiefen Empfinden genährt werden. Ohne belastbare Überlegungen über Gott und das Übel in der Welt wird auch ein philosophisches Sprechen über Gott nicht auskommen.

Für manche ist die Sache schnell entschieden. Angesichts des Leides in der Welt sei der Glaube an einen Gott nicht möglich, wenn man von ihm allen Ernstes sagen möchte, dass er gütig und zugleich allmächtig ist. Denn entweder lässt Gott das Leid zu, dann ist er nicht gütig, oder er kann das Leid nicht vermeiden, dann ist er nicht allmächtig. So hat es bereits Epikur († 270 v. Chr.) auf den Punkt gebracht.

Aber ist damit wirklich alles gesagt? Gibt es angesichts des Übels und des Leides in der Welt keine Möglichkeit, an Gott zu glauben? Statt der üblichen Überlegungen mag es hilfreich sein, an dieser Stelle ein herausforderndes Bekenntnis einer deutschen Ordensfrau in Indien zu bedenken. Sie bietet keine philosophische Lösung dafür, wie sich ein allmächtiger und gütiger Gott mit dem Übel in der Welt vereinbaren lässt, sondern sie zeigt, dass und wie sie gelernt hat, an Gott trotz vieler Unbegreiflichkeiten zu glauben. Der folgende Text, in dem sie von sich selbst in der dritten Person spricht, wurde nach ihrem Tod bei einem Autounfall in ihren persönlichen Unterlagen gefunden:

> „Als sie jung war, versuchte sie, ihn [Gott] zu verstehen und zufriedenzustellen, und beides mißlang ihr völlig. Er erschien ihr von Grund auf ungerecht: Er verlangte, ‚gut' genannt zu werden und legte zugleich den Menschen grausame Schmerzen und Ängste auf; er gab Anordnungen und gestaltete Menschen so, daß sie sündigen mußten; er gewährte keine Freiheit, keine Wahl und keine Möglichkeit zu entkommen."

Die Erfahrung der Widersinnigkeiten und Grausamkeiten lassen alles Nachdenken der Ordensfrau über Gott und seine Liebe scheitern. Eine Art Kapitulation führt sie zur entscheidenden Wende. „An ihn zu denken, erfüllte sie oft mit Schrecken, bis sie es endlich lernte, sich dem Unbekannten und Unerkennbaren zu unterwerfen." So beginnt sie es für möglich zu halten, dass die Grausamkeiten in der Welt und die Liebe Gottes schließlich doch auf irgendeine Weise vereinbar sind. Ja noch mehr:

> „Später nahm sie dann mit großer Verwunderung wahr, daß sie Gott liebte, ... ohne auch nur in irgendeinem Punkt über ihn Gewißheit zu haben ... Tief im Herzen wußte sie mit absoluter Gewißheit, daß der unbekannte und unerkennbare und geliebte Gott sie ständig führte, aber nie verschwand ihre tödliche Furcht vor den Dingen, die dieser Gott den Menschen antut; sie gestand nur die Möglichkeit zu, daß diese Grausamkeiten sich irgendwie doch mit seiner Liebe vertrugen."

Wenigstens im Tod – so hofft sie – werde sie sehen, was sie jetzt nur glauben kann. Und so sah sie „mit ungeduldiger Erwartung dem Tag ihres Todes entgegen, wenn Gott sich selbst und seine Wege offenbart, und wenn alle Ungewißheit, alle Furcht und alles Leid vorüber sind."[33]

Natürlich ist im Blick auf eine solche Haltung der Einwand naheliegend, die Ordensfrau verzichte auf ihr Denken, damit der Glaube für sie möglich wird bzw. bleibt. Man kann von einem sacrificium intellectus sprechen – von einem Verzicht auf rationales Verstehen – und das credo quia absurdum (‚ich glaube, weil es absurd ist') zitieren. Immer wieder habe es, so der Einwand, in der Geschichte des christlichen Glaubens und darüber hinaus eine solche Einstellung gegeben. Sie mache aber den Glauben zu etwas Irrationalem, das vom Aberglauben nicht unterschieden werden könne. Deshalb sei es für einen aufgeklärten, dem Denken verpflichteten Menschen kein gangbarer Weg.

Aber man kann sich fragen, ob die Entscheidung der Ordensfrau nicht auch anders, nämlich als eine sehr vernünftige Reaktion verstanden werden kann bzw. muss. Angesichts des für sie Unverständlichen relativiert sie die Möglichkeiten ihres Denkens und geht davon aus, dass das Leid in der Welt und die Liebe Gottes nicht notwendigerweise ein Widerspruch sein müssen. Das Übel und das Leid in der Welt zwingen nicht zur Schlussfolgerung, dass es einen solchen Gott nicht gibt. Es ist auch denkbar, dass wir die

Zusammenhänge nicht erkennen können, die Gott so handeln bzw. nicht handeln lassen. Ein solches Eingeständnis hat nichts mit einer Geringschätzung des Denkens zu tun, auch nicht mit einer unstatthaften Preisgabe des Denkens, sondern es kann als eine denkerisch verantwortete Entscheidung angesehen werden. Und sie findet sich nicht nur bei der genannten Ordensfrau, sondern vermutlich bei nicht wenigen gläubigen Christinnen und Christen.

In diesem Sinn vertritt auch Leszek Kolakowski in seinem Werk *Falls es keinen Gott gibt* die Auffassung, dass man angesichts des Übels und des Leidens den Glauben an Gott und seine Vorsehung nicht aufzugeben brauche: „Die Welt als einen göttlich geordneten Kosmos aufzufassen, in dem alles seinen Sinn hat, ist weder in sich widersprüchlich noch widerspricht es der empirischen Erkenntnis, und doch kann es niemals die Konsequenz einer solchen Erkenntnis sein, so umfassend sie auch sei."[34] Allerdings brauche es dafür – wie auch das Beispiel der Ordensfrau deutlich gemacht hat – eine Voraussetzung: einen vertrauensvollen Glauben.[35] Mit anderen Worten: Wenn man an Gott glaubt, dann kann man auch angesichts des Übels in der Welt an seine Liebe glauben, die freilich für uns unbegreiflich bleibt. Und im Licht des Glaubens an diese Liebe kann man immer wieder Anhaltspunkte für den Sinn des Lebens und der Schöpfung finden.

Die Tagebucheintragung der Ordensfrau macht aber noch etwas anderes deutlich. Das Übel in der Welt ergibt für den Glauben an Gott nicht nur das logische Problem, wie das Übel mit der Allmacht und der Güte Gottes vereinbar ist. Diese Fragestellung führt gewissermaßen über den intellektuellen Bereich hinaus in den Bereich des Lebens überhaupt. Und das, was hier sichtbar wird, das gilt für den Glauben an Gott in jedem Fall: er kommt nur angemessen in den Blick, wenn man die rein intellektuelle Ebene ins Leben hinein überschreitet.

Wo das Übel und das Leid in der Welt als Argumente für eine naturalistische bzw. atheistische Weltanschauung in Anspruch genommen werden, ist zu bedenken, dass der Atheismus angesichts des Übels ebenfalls an seine Grenze stößt und keine hoffnungsvolle Perspektive eröffnen kann. Das Leid ist endgültig und alles Böse bleibt unversöhnt.[36] Zwar bleiben auch mit dem Glauben an einen allmächtigen und liebenden Gott Fragen schmerzlich und beunruhigend offen, doch kann – so der Theologe Thomas Pröpper († 2015) – dieser Glaube, „weil er mit Gottes unerschöpflichen Möglichkeiten rechnet und seiner Liebe ihre endgültige Rechtfertigung zutraut, Hoffnung bewahren. Seine praktische Relevanz liegt deshalb darin, sich in den unversöhnten, machtverzerrten Verhältnissen der Geschichte der schöpferischen Allmacht der Liebe anvertrauen und im Handeln schon jetzt auf sie setzen zu können."[37]

Solche Überlegungen, in denen es um Denkmöglichkeiten und Logik geht, können angesichts des Übels in der Welt und des namenlosen Leides nahezu herzlos erscheinen, als Spekulationen ohne Mitgefühl. Und tatsächlich sind sie nur beschränkt für ein tröstendes Gespräch geeignet. Aber sie zeigen, dass und wie es logisch (!) möglich ist, angesichts des Übels und des Leides in der Welt an einen allmächtigen und gütigen Gott zu glauben. Nicht mehr, aber auch nicht weniger. Wie man das Leid bestehen kann, ist eine andere Frage. Die philosophische Offenheit für das Absolute bzw. für Gott kann aber auch dafür Hoffnung und Hilfe sein.

Von der Religionskritik lernen

Es scheint einiges dafür zu sprechen, dass – wenigstens in unseren Breiten – auch der Glaube an Gott in einem Umbruch begriffen ist. Dazu hat bereits vor Jahrzehnten der französische Theologe Henri de Lubac († 1991) in seinem Buch *Auf den Wegen Gottes* nüchtern festgestellt: „Jedesmal, wenn die Menschheit ein Denksystem aufgibt, meint sie Gott zu verlieren."[38] Dass sich das Denken ändert – das hat es in der Geschichte immer wieder gegeben. Und dafür gibt es auch heute nicht wenige Indizien. Wenn dabei Gott aus dem Blick gerät, dann werden es die einen als einen Fortschritt ansehen, die anderen als einen Verlust. Auf jeden Fall ist es aber – genau genommen – nicht Gott, der verloren geht, sondern eben eine bestimmte Art und Weise, Gott zu denken oder sich Gott vorzustellen. Das verdient zweifelsohne alle Aufmerksamkeit.

Die Geschichte des Gott-Denkens zeigt, dass das Verblassen Gottes nicht unabwendbares Schicksal sein muss. Große Geister haben es als Herausforderung angenommen und versucht – nicht ohne Missverständnisse und Probleme, auch nicht ohne Widerstände – Gott im Kontext eines veränderten Denkens zur Sprache zu bringen. Hier kann man an Theologen wie den Bischof Augustinus († 430) denken, die sich des neuplatonischen Denkens bedient haben, um über Gott zu sprechen. Man kann an Thomas von Aquin († 1274) erinnern, der für seine Theologie die aristotelische Philosophie als Koordinatensystem gewählt hat. Aber auch den eben genannten Henri de Lubac, der zwar auf die großen Theologen vor allem des Mittelalters zurückgegriffen, dabei aber die Einsichten der modernen Philosophie und der Naturwissenschaften nicht unberücksichtigt gelassen hat. In diesem Zusammenhang bekommen heute auch die Naturwissenschaften und selbst die Religionskritik für den Glauben und die Theologie Bedeutung. Man muss sie nicht allein als Gefahr für den Glauben sehen, sondern kann sie auch als Chance verstehen, Gott in den heutigen Umständen nicht missverständlich, sondern angemessener zu denken und zur Sprache zu bringen.

V. DER GOTT DES CHRISTLICHEN GLAUBENS

Die bisherigen Ausführungen sind weitgehend im Bereich geblieben, der als philosophische Gotteslehre bezeichnet wird: Erkenntnis Gottes gestützt allein auf Vernunft-Argumente. Entgegen aller Skepsis und trotz aller Religionskritik ist es möglich, Gott als tragenden Urgrund der Wirklichkeit und der menschlichen Erkenntnis zu denken und den Glauben an ihn als eine gut begründete Grundentscheidung anzusehen. Damit sind ein Fundament und ein Rahmen gegeben, die es möglich machen, Aussagen der Religion und des Glaubens über Gott angemessen einzuordnen und zu verstehen, auch wenn sie mehr sagen als mit der Vernunft allein erkannt werden kann. Ein Beispiel: Dass Gott das Volk Israel auf besondere Weise erwählt hat, ist eine zentrale Aussage des Alten Testamentes und auch des christlichen Glaubens. Sie ergibt sich nicht aus philosophischen Überlegungen. Aber um sie zu verstehen, muss man nicht zuletzt, sondern zuerst wissen, was mit dem Wort ‚Gott' gemeint ist.

Gott erkennen im Kontext der Religion

Nun haben aber die meisten Menschen – so ist zu vermuten – ihren Glauben an Gott weniger durch philosophische Argumente und Einsichten gefunden als durch Unterweisung in einer Religion und ihrer Überlieferung. Das prägt auch ihr Gottesbild, das meistens reicher und lebendiger ist als der Gedanke eines göttlichen Urgrundes. Damit stellt sich aber die Frage, ob man mit dem Schritt über einige grundlegende philosophischen Aussagen hinaus nicht den Bereich vernünftiger Erkenntnis verlässt und das Reich der Spekulation und der Phantasie betritt. In bedeutsamen Strömungen der europäischen Aufklärung ist ja diese Ansicht vertreten worden.

Tatsächlich wird man zugeben müssen, dass nicht alles, was im Laufe der Religionsgeschichte vertreten worden ist, den Maßstäben standhält, die wir heute als vernünftig ansehen. Das ist allerdings keine neue Situation. Auch innerhalb der Religionen selbst ist es im unterschiedlichen Ausmaß zu kritischen Klärungen gekommen. Das lässt sich nicht zuletzt in der jüdisch-christlichen Tradition erkennen, wie sie in der hebräischen und der christlichen Bibel dokumentiert ist. Dabei zeigt sich: Was nicht mehr entsprechend dem ursprünglichen Wortlaut vertretbar erscheint, wird in einer relecture im Licht neuer Einsichten auf neue Weise gelesen und verstanden. Akzente werden verschoben, veraltete Vorstellungen aufgegeben, Aussagen neu interpretiert usw. Man kann z. B. auf die biblischen Schöpfungserzählungen ebenso verweisen wie auf die Entwicklung des Gottesbildes. So ergibt sich in der Bibel das Bild eines vielgestaltigen und komplexen Überlieferungs-Prozesses. Ausgesprochen oder unausgesprochen ist damit die Frage verbunden, wie weit eine Neuinterpretation gehen darf, und ob dabei nicht der ursprüngliche Glaube verraten wird.

In diesem Überlieferungsprozess spielen neue religiöse Einsichten ebenso eine Rolle wie allgemeines kulturelles Wissen. Dabei hat sich – jedenfalls im Bereich der Christenheit – über weite Strecken die Einsicht durchgesetzt, dass auch die Glaubensinhalte, die auf eine Offenbarung Gottes zurückgeführt werden, gesicherten Vernunft-Erkenntnissen nicht widersprechen dürfen.[1] Allerdings wird mit Aussagen gerechnet, die als übervernünftig angesehen werden können, weil sie das menschliche Erkenntnisvermögen übersteigen, ohne der Vernunft zu widersprechen. Das ist im Prinzip klar; ebenso aber, dass sich die Grenzen zwischen vernünftig, unvernünftig und übervernünftig immer wieder als strittig erwiesen haben und erweisen. Das zeigt sich nicht zuletzt bei jenen Aussagen über Gott, die aus heutiger Sicht besonders anstößig sind: Aussagen über den Zorn Gottes, über sein gewalttätiges Handeln usw. Offensichtlich waren sie zur Zeit ihrer Formulierung im allgemeinen religiösen Bewusstsein mit dem Gottesbild nicht unvereinbar. Das hat sich, natürlich zu Recht, geändert. Wenn diese Aussagen heute entweder als zeitbedingt umgangen oder auf verträglichere Weise interpretiert werden, dann hat das nicht nur mit unabweisbaren Einsichten der Vernunft zu tun, sondern auch damit, dass sie – wie eben gezeigt – im Licht anderer religiöser Einsichten gelesen werden. Um ein Beispiel zu nennen: Das Gottesbild Jesu, das z. B. im Gleichnis vom verlorenen Sohn bzw. barmherzigen Vater zum Ausdruck kommt, lässt sich nicht mit dem Bild eines zornigen Despoten vereinbaren.[2] Auf jeden Fall ergibt sich auch das christliche Gottesbild aus einem Zusammenspiel von Erfahrungen, die als Offenbarungen verstanden werden, und aus unabweisbaren Einsichten der Vernunft.[3]

Auf dem Weg zum einen Gott in drei Personen

In der Geschichte des biblischen Gottesbildes führen das Leben und Lehren, der Tod und die Auferstehung des Jesus von Nazareth zu einer grundlegenden relecture der religiösen Überlieferung des Volkes Israel, die aber aus christlicher Sicht weiterhin verbindlich ist und bleibt. Das zeigt sich nicht zuletzt im Gottesbild. Für die Ausbildung des christlichen Gottesbildes ist vor allem Jesus selbst von entscheidender Bedeutung. Seine Lehre ist selbstverständlich dem Glauben seines Volkes verpflichtet, auch wenn sie ihre charakteristischen Akzente hat. Es sind aber das Auftreten Jesu selbst, sein Tod und seine Auferstehung, die zu weitreichenden Konsequenzen führen. Dabei zeigt sich sein außergewöhnliches Selbstbewusstsein, das vor allem im Johannes-Evangelium deutlich herausgearbeitet wird. Es findet seinen Ausdruck im Begriff ‚der Sohn': Jesus, der sich ganz von Gott her versteht, von dem gesagt wird, dass er mit dem Vater eins ist, und dass Gott durch ihn handelt und wirkt.[4]

Mit anderen Worten: Nicht nur in seinen Worten, sondern auch in seinem Leben und Wirken, seinem Tod und seiner Auferstehung zeigt sich nach christlicher Auffassung, wer und wie Gott ist. Er vermittelt nicht nur eine Botschaft über Gott, er gehört selbst auch zu ihrem Inhalt, ja markiert ihren Höhepunkt.[5] Nach christlicher Überzeugung kann man nicht mehr von Gott sprechen, ohne dass auch von Jesus gesprochen wird. So ist im Blick auf Jesus gesagt worden, dass er mit seinem Leben und Sterben von jetzt an gewissermaßen in die Definition Gottes gehört.

Ausgehend von dieser einzigartigen Sicht Jesu hat sich die Vorstellung des einen Gottes in drei Personen gebildet. Entschieden hat man daran festgehalten, dass der Gott der Christen der Gott Abrahams, Isaaks und Jakobs ist, der eine und einzige Gott der hebräischen Bibel. Und deshalb wurden alle Versuche, zwischen der hebräischen und der christlichen Bibel einen Bruch anzunehmen, zurückgewiesen. Was in den Schriften der hebräischen Bibel von Gott gesagt wird, hat auch für Christen bleibende Geltung – auch wenn sie es im Licht des Glaubens an Jesus, den Christus lesen.

Das christliche Bild des einen Gottes in drei Personen ist nicht ohne heftige theologische Diskussionen entwickelt worden. Sie sind, soweit es möglich gewesen ist, auf den bekannten altkirchlichen Konzilien – in Nicäa (325), Konstantinopel (381), Ephesus (431) und Calzedon (451) – entschieden und dadurch manchmal aufs Neue entfacht worden. Im Kern wurde festgelegt, dass Jesus nicht nur selbstverständlich ein Mensch gewesen ist, sondern dass sich in ihm Gott selbst geoffenbart hat, dass in ihm Gott selbst gegenwärtig war. Und so wurde aus dem überlieferten Ein-Gott-Glauben ein ‚trinitarischer Monotheismus', der Glaube an den ‚einen Gott in drei Personen'. Immer wieder war und ist er in Gefahr, als Drei-Götter-Glaube auf der einen, oder als strikter Ein-Gott-Glaube auf der anderen Seite missverstanden zu werden. Aber in der Formel vom ‚einen Gott in drei Personen' hat sich trotz möglicher Missverständnisse der Glaube an einen Gott durchgehalten, der als ‚der christliche Gott' wiedererkennbar ist. Gott, der souveräner und erhabener Vater und Schöpfer ist, der durch Jesus in die Geschichte eingetreten und den Menschen nahegekommen, und der durch seinen Geist ohne Einschränkung wirksam ist.

Die folgenden Texte bringen in einem ersten Schritt das christliche Gottesbild zur Darstellung, so wie es heute in maßgeblichen Texten der katholischen Kirche bzw. Theologie vorgestellt wird. In einem zweiten Schritt wird gezeigt, durch welche Aussagen der hebräischen und christlichen Bibel das christliche Verständnis von Gott grundgelegt wird und seine charakteristischen Konturen erhält. Und schließlich werden auch markante biblische Texte einbezogen, die zeigen, wie Jesus von Nazareth selbst als Offenbarung Gottes verstanden werden kann und wird.

Das christliche Bild von Gott

Nicht nur in ihrer geschichtlichen Abfolge, sondern auch in der ganzen Breite des christlichen Lebens wird von Gott mit vielen Stimmen gesprochen. Unterschiedliche Situationen und Fragen, aber auch unterschiedliches Wissen und verschiedene religiöse Einflüsse haben dazu geführt, dass das christliche Gottesbild mit unterschiedlichen Farben und Akzenten gezeichnet worden ist.

- *Gott, der sich selbst offenbart*

Das Zweite Vatikanische Konzil (1962–1965), dessen Stimme wie selten eine als für die Römisch-Katholische Kirche repräsentativ gelten kann, greift am Beginn seines Dokumentes über die göttliche Offenbarung das Thema auf und formuliert es in komprimierter und daher nicht leicht zu lesender Sprache:

„Gott hat in seiner Güte und Weisheit beschlossen, sich selbst zu offenbaren und das Geheimnis seines Willens kundzutun: daß die Menschen durch Christus, das fleischgewordene Wort, im Heiligen Geist Zugang zum Vater haben und teilhaftig werden der göttlichen Natur. In dieser Offenbarung redet der unsichtbare Gott und verkehrt mit ihnen, um sie in seine Gemeinschaft einzuladen und aufzunehmen ... Die Tiefe der durch diese Offenbarung über Gott und über das Heil des Menschen erschlossenen Wahrheit leuchtet uns auf in Christus, der zugleich der Mittler und die Fülle der ganzen Offenbarung ist."[6]

Dieser kurze Abschnitt am Beginn des Dokumentes fasst das vielstimmige biblische Zeugnis zusammen und bringt Wesentliches über den christlichen Gottesglauben zur Sprache. Gott will nach christlicher Überzeugung nicht zuerst dies und das offenbaren, sondern er will sich selbst zu erkennen geben. Aber noch mehr: Er will den Menschen Anteil an seinem Leben geben und Gemeinschaft mit ihnen stiften. So kann man in einem doppelten Sinn von Gott sagen, dass er ein sich selbst mitteilender Gott ist.

- *Die Liebe erkennen, die Gott zu uns hat*

Was sagt ein Theologe nach vielen Jahren des Studierens und Lehrens über den christlichen Glauben an Gott? Was hebt er besonders hervor? Als Antwort auf solche und ähnliche Fragen kann man auf Joseph Ratzinger verweisen. Ein Sonderfall, freilich nicht unpassend. Denn seine erste Enzyklika als Papst Benedikt XVI. gibt nicht nur seine persönliche Meinung wieder, sondern sie hat auch offiziellen Charakter. Sie beginnt mit den Worten:

„Gott ist die Liebe, und wer in der Liebe bleibt, bleibt in Gott, und Gott bleibt in ihm' (1 *Joh* 4,16). In diesen Worten aus dem *Ersten Johannesbrief* ist die Mitte des christlichen Glaubens, das christliche Gottesbild und auch das daraus folgende Bild des Menschen und seines Weges in einzigartiger Klarheit ausgesprochen. Außerdem gibt uns Johannes in demselben Vers auch sozusagen eine Formel der christlichen Existenz: ‚Wir haben die Liebe erkannt, die Gott zu uns hat, und ihr geglaubt' (vgl. 4, 16)."[7]

Zweifelsohne eine berührende Behauptung. Aber auch eine kühne. Angesichts der Übel und des Leidens in der Welt melden sich Fragen und Zweifel. Der Papst kommt im weiteren Verlauf seiner Enzyklika darauf zu sprechen. Manchmal – so schreibt er – bleibt nur ein Glaube, der sich mit der Hoffnung verbindet. Mit „der Hoffnung, daß Gott ein Vater ist und uns liebt, auch wenn uns sein Schweigen unverständlich bleibt."[8]

Vielleicht sollte man noch etwas nicht übersehen: Dass Gott die Liebe ist, behauptet der Papst nicht auf eigene Rechnung, sondern er zitiert. Bezeichnenderweise greift er auf einen späten Text des Neuen Testamentes, auf den Ersten Johannes-Brief zurück: Gott ist die Liebe, und wer in der Liebe bleibt, bleibt in Gott, und Gott bleibt in ihm.

- *Der drei-eine Gott*

Auf einfache und anschauliche Weise greift Papst Franziskus in seiner Enzyklika *Laudato si* (2015), die der Sorge um das gemeinsame ‚Haus' der Erde gewidmet ist, die Rede vom drei-einen Gott auf. Er orientiert sich dabei an der Gliederung des Glaubensbekenntnisses und verknüpft das Wirken der drei göttlichen Personen mit dem Kosmos und der Geschichte:

„Der Vater ist der letzte Ursprung von allem, der liebevolle und verbindende Grund von allem, was existiert. Der Sohn, der ihn widerspiegelt und durch den alles erschaffen wurde, hat sich mit dieser Erde verbunden, als er im Schoß Marias menschliche Gestalt annahm. Der Geist, das unendliche Band der Liebe, ist zutiefst im Herzen des Universums zugegen, indem er neue Wege anregt und auslöst."[9]

Der drei-eine Gott ist der Gott, an den Christen glauben – Ursprung aller Wirklichkeit, Geheimnis der Welt, das sie öffnet ins Leben und in die Zukunft. Gott ist ein Gott, der in sich und über sich hinaus Liebe, das heißt Beziehung, Bewegung und Leben, Verschiedenheit in aller Einheit ist. Vom drei-einen Gott sprechen, ist daher nicht nur eine Aussage über Gott, sondern auch über das, was er für Mensch und Kosmos bedeutet. In diesem Sinn hat schon der Theologe und Bischof Augustinus († 430) gesagt: „Wenn du die Liebe siehst, siehst du die Heiligste Dreifaltigkeit"[10]. Und umgekehrt hat der reformierte Theologe Eberhard Jüngel darauf hingewiesen:

> „Die Trinitätslehre ist der unerlässliche, aber auch unerlässlich schwierige Ausdruck der einfachen Wahrheit, dass Gott lebt, ... weil Gott als Liebe lebt. Dass Gott als Liebe lebendig ist, ist das Geheimnis seines Seins, das sich in Leben, Tod und Auferstehung Jesu Christi offenbart hat."[11]

Die Rede vom drei-einen Gott fasst in einer Formel zusammen, dass Gott den Menschen in der Geschichte nahegekommen ist und sich in seinem Wirken durch Jesus Christus und durch den Geist als nachgehende, vergebende und rettende Liebe geoffenbart hat. Er hat sie nicht nur durch Propheten gewissermaßen ausrichten lassen, sondern in Jesus Christus sichtbar und greifbar unter Beweis gestellt. Das Johannes-Evangelium formuliert das im Blick auf Jesus so: „Wer mich gesehen hat, hat den Vater gesehen." (Joh 14,9) Die Lehre vom drei-einen Gott kann als der in der Geschichte des Glaubens und der Theologie akzeptierte Versuch gelesen werden, am Glauben an den einen Gott festzuhalten und zugleich daran, dass diese Liebe in Jesus erfahrbar ist.

- *Die Welt in Gott*
Für den christlichen Glauben ist die Vorstellung Gottes als einer Person unverzichtbar. Sie zeichnet Gott als einen, der handeln, hören und sprechen kann. Andererseits ist es im Kontext eines modernen Weltbildes schwer geworden, dieser Vorstellung einen Ort zuzuweisen: Ist Gott eine Über-Person jenseits des Universums, so wie er in der Ikonographie oft dargestellt worden ist? Einzelne

Theologen und Theologinnen haben diese Fragestellung aufgegriffen und suchen Gott so zu denken, dass er nicht nur dem Glauben entspricht, sondern auch angesichts heutiger Einsichten und heutigen Empfindens verständlich ist und bleibt. Einigen scheint der Panentheismus, der nicht mit dem Pantheismus verwechselt werden darf, eine Möglichkeit zu sein.[12] Man versteht darunter die Vorstellung, dass alles, die ganze Welt in Gott ist, und Gott in ihr. Als ein Beispiel für diese Sicht Gottes wird manchmal ein Text genannt, den er 1945 hingerichtete Jesuit Alfred Delp verfasst hat:

„Die Welt ist Gottes so voll. Aus allen Poren der Dinge quillt er gleichsam uns entgegen. Wir aber sind oft blind. Wir bleiben in den schönen und in den bösen Stunden hängen und erleben sie nicht durch bis an den Brunnenpunkt, an dem sie aus Gott herausströmen. Das gilt für alles Schöne und auch für das Elend. In allem will Gott Begegnung feiern und fragt und will die anbetende, hingebende Antwort. Dann wird das Leben frei in der Freiheit, die wir oft gesucht haben."[13]

Gott in allen Dingen – ein Gedanke der ignatianischen Spiritualität – und die Welt in Gott, sodass von der Welt gesagt werden kann, dass Gott aus ihr herausströmt. Das ist mit manchen herkömmlichen Vorstellungen von Gott schwer in Einklang zu bringen, nicht aber mit einem Gott, von dem es im Neuen Testament heißt: „in ihm leben wir, bewegen wir uns und sind wir" (Apg 17,28).

Das große Gottesbuch der Bibel

Die Bibel ist ein komplexes Buch, das auf komplexe Weise entstanden und nicht immer leicht zu verstehen ist. Sie ist als das ‚große Gottesbuch' (Erich Zenger) bezeichnet worden. Auf jeden Fall ist es nicht ein systematisch aufgebautes Lehrbuch. Die Auswahl der folgenden biblischen Texte orientiert sich nicht an ihrer (vermutlichen) Entstehungszeit. Ausgangspunkt der Darstellung ist der christliche Glaube wie er sich heute präsentiert und die Art und Weise, wie Christinnen und Christen die Frage beantworten, an welchen Gott sie glauben – und dabei selbstverständlich auf biblische Darstellungen zurückgreifen.

- *Gott der Schöpfer*
Die Bibel beginnt mit zwei Erzählungen vom Ursprung des Kosmos und der Geschichte. Dieser Ursprung wird in einem einzigartigen souveränen Schöpfungshandeln Gottes gesehen. Heute wird allgemein angenommen, dass diese Darstellungen vergleichsweise spät entstanden sind, zur Zeit des Exils, also der Deportation nach Mesopotamien, und in deutlicher Abgrenzung zu dort vorherrschenden religiösen Vorstellungen.

„Im Anfang schuf Gott Himmel und Erde; die Erde aber war wüst und wirr. Finsternis lag über der Urflut, und Gottes Geist schwebte über dem Wasser. Und Gott sprach: Es werde Licht ..." (Gen 1,1–3)

Auch wenn man selbstverständlich davon ausgeht, dass es sich dabei nicht um eine Beschreibung handelt, so wird hier ein Bild gezeichnet, das sich tief in die Religions- und Kulturgeschichte der Menschheit eingeprägt hat. Es bildet den entscheidenden Anhaltspunkt für das Bekenntnis zu Gott dem Schöpfer.

- *Ein Gott, mit dem man streiten muss*
Weniger für das Glaubensbekenntnis als für die Spiritualität bedeutsam ist eine Darstellung, die sich ebenfalls im ersten Buch der Bibel findet. Sie scheint aus dem Dunkel der Vorzeit zu kommen und erzählt vom Patriarchen Jakob, der in der Nacht mit einem Fremden kämpfen muss, der ihn aber nicht zu bezwingen vermag. Ja, er gesteht ihm am Ende zu:

„Nicht mehr Jakob wird man dich nennen, sondern Israel – Gottesstreiter –; denn mit Gott und Menschen hast du gestritten und gesiegt. Nun fragte Jakob: Nenne mir doch deinen Namen! Er entgegnete: Was fragst du mich nach meinem Namen? Dann segnete er ihn dort. Jakob gab dem Ort den Namen Peniël – Gottes Angesicht – und sagte: Ich habe Gott von Angesicht zu Angesicht gesehen und bin doch mit dem Leben davongekommen." (Gen 32,29–31)

An den Gott glauben, von dem in der Bibel die Rede ist, bedeutet nicht nur Gottesgewissheit, spirituelle Geborgenheit, sondern auch Auseinandersetzung und Streit mit einem Gott, der einem zu schaffen macht. Auch das ist eine Erfahrung auf dem Weg des Glaubens. Und in der geistlichen Lektüre der Jakobs-Geschichte haben gläubige Menschen Urbild, Bestätigung und Deutung ihrer eigenen Erfahrungen gefunden – nicht nur in der Vergangenheit.[14]

- *Gott, der mit euch sein wird*
Die für das Volk Israel und seinen Glauben buchstäblich grundlegende Erfahrung ist der Bund, den Gott mit dem Volk schließt. Sie ist in besonderer Weise mit der Halbinsel Sinai und mit der Gestalt des Mose verknüpft – und mit einer Erzählung, die wohl zu den bekanntesten Stellen im Alten Testament gehört: Mose, der Gott in der Steppe in einem Dornbusch begegnet, der brennt, aber nicht verbrennt. Gott will sein Volk durch Mose in die Freiheit führen, aber Mose ist noch nicht klar, wie er das seinem Volk verständlich machen kann. Vor allem: Wer ist dieser Gott?

„Da sagte Mose zu Gott: Gut, ich werde also zu den Israeliten kommen und ihnen sagen: Der Gott eurer Väter hat mich zu euch gesandt. Da werden sie mich fragen: Wie heißt er? Was soll ich ihnen sagen? Da antwortete Gott dem Mose: Ich bin, der ich bin. Und er fuhr fort: So sollst du zu den Israeliten sagen: Der Ich-bin hat mich zu euch gesandt." (Ex 3,13–14)

Diese Stelle hat viel Aufmerksamkeit auf sich gezogen. Lange Zeit wurde sie in der Geschichte des christlichen Glaubens philosophisch gelesen: Gott ist der, der schlechthin ist. Der hebräische Urtext setzt einen anderen Akzent. Er macht deutlich, dass Gott ein Gott ist, der sich ein Volk erwählt hat und mit ihm sein wird: Er ist der Gott, der einfachhin da ist und da sein wird.[15] Gott bleibt nicht in erhabener Jenseitigkeit, unberührt vom Schicksal seines Volkes, er lässt sich auf die wechselvolle Geschichte dieses Volkes ein – mit allem seinem Auf und Ab. Dafür steht nicht zuletzt der Name ‚Immanuel'. Im Neuen Testament wird er aufgegriffen, um zu deuten, wer mit Jesus gekommen ist: Gott mit uns.[16]

- *Ein Gott für die Armen*
In der Geschichte des Volkes Israel mit seinem Gott gibt es Glauben und Treue, aber auch Abfall. Es waren besonders die Propheten, die

das Volk, Könige und Priester immer wieder zum eigentlichen Sinn des Bundes, den Gott mit seinem Volk geschlossen hat, und seinen unverzichtbaren Konsequenzen zurückgerufen haben. So auch der Prophet Amos, der im Blick auf den Niedergang der sozialen Ordnung im 8. Jahrhundert v. Chr. im Namen Gottes heftige Kritik übt:

„Ich hasse eure Feste, ich verabscheue sie und kann eure Feiern nicht riechen. Wenn ihr mir Brandopfer darbringt, ich habe kein Gefallen an euren Gaben und eure fetten Heilsopfer will ich nicht sehen. Weg mit dem Lärm deiner Lieder! Dein Harfenspiel will ich nicht hören, sondern das Recht ströme wie Wasser, die Gerechtigkeit wie ein nie versiegender Bach." (Am 5,21-24)

Gott zeigt sich als Anwalt der Armen, er klagt Recht und Gerechtigkeit ein und stellt den Kult von Grund auf infrage. Dass diese Facette des Gottesbildes angesichts weltweiter Ungerechtigkeit im 20. Jahrhundert in einer breiten Strömung von Theologie und Spiritualität wieder zur Sprache gebracht worden ist, verwundert nicht.[17]

- *Ein Gott unfassbar groß*

Kein Zweifel – die Propheten haben für den Gottesglauben des Volkes Israel große Bedeutung. Sie sprechen nicht nur von einem Gott neben anderen, sondern von einem souveränen und erhabenen Gott, vor dem die anderen Götter als „Nichtse" (Ps 96,5) erscheinen. Im Jahr 738 v. Chr. sieht der Prophet Jesaia – wie er sagt – in einer Berufungsvision den Herrn, aber er vermag ihn in seiner erhabenen Heiligkeit nicht zu beschreiben:

„Im Todesjahr des Königs Usija, da sah ich den Herrn auf einem hohen und erhabenen Thron sitzen und die Säume seines Gewandes füllten den Tempel aus. Serafim standen über ihm. Sechs Flügel hatte jeder: Mit zwei Flügeln bedeckte er sein Gesicht, mit zwei bedeckte er seine Füße und mit zwei flog er. Und einer rief dem anderen zu und sagte: Heilig, heilig, heilig ist der HERR der Heerscharen. Erfüllt ist die ganze Erde von seiner Herrlichkeit. Und es erbebten die Türzapfen in den Schwellen vor der Stimme des Rufenden und das Haus füllte sich mit Rauch." (Is 6,1-4)

Dieser erhabene Gott ist und bleibt der Gott Israels. Er ist der Gott Jesu, auch wenn er mit seiner Lehre vom guten Vater zu einer vertrauensvollen Beziehung zu Gott ermutigt. Ja, gerade im Kontrast zwischen dem unendlich Erhabenen und dem liebevollen Vater wird anschaulich, wer der Gott ist, den Jesus verkündet. Und so ist er auch der Gott des christlichen Glaubens. Das dreimalige ‚Heilig‘ in der Feier des christlichen Gottesdienstes lässt das deutlich erkennen.

- *Ein liebevoller und treuer Gott*

Das Bild eines liebevollen Gottes ist – entgegen manchen gängigen Vermutungen – kein Monopol des Neuen Testamentes. So findet sich beim Propheten Hosea ein Text, der wohl nur als innig zu bezeichnen ist:

> „Als Israel jung war, gewann ich ihn lieb, ich rief meinen Sohn aus Ägypten. Je mehr man sie rief, desto mehr liefen sie vor den Rufen weg: Den Baalen brachten sie Schlachtopfer dar, den Götterbildern Räucheropfer. Ich war es, der Efraim gehen lehrte, der sie nahm auf seine Arme. Sie aber haben nicht erkannt, dass ich sie heilen wollte. Mit menschlichen Fesseln zog ich sie, mit Banden der Liebe. Ich war da für sie wie die, die den Säugling an ihre Wangen heben. Ich neigte mich ihm zu und gab ihm zu essen." (Hos 11,1-4)

Gott und sein Volk – eine Liebesgeschichte. Es sind die Erfahrungen von Mystikerinnen und Mystikern, die in einem Text wie diesem ihre Sprache und die Bestätigung ihrer Einsichten gefunden haben.[18] Gott ist nicht nur überwältigend erhaben, sondern auch der liebend treue Gott, der sich von den Menschen nicht zurückzieht, auch wenn sie schuldig geworden sind.

Jesus als Bild Gottes

Dass Gott sich – wie bereits erwähnt – nach christlicher Auffassung nicht nur in der Predigt, sondern auch im Handeln Jesu offenbart, wurde bereits festgestellt. An zwei Beispielen soll das gezeigt werden.

- *Gott dient wie ein Sklave*

Den innersten Sinn des Wirkens Jesu bis zur Hingabe seines Lebens fasst der Evangelist Johannes in der Erzählung vom letzten Mahl Jesu mit seinen Jüngern zusammen. Er lenkt die Aufmerksamkeit auf etwas, was aufs Erste nur befremden kann.

„Es war vor dem Paschafest. Jesus wusste, dass seine Stunde gekommen war, um aus dieser Welt zum Vater hinüberzugehen. Da er die Seinen liebte, die in der Welt waren, liebte er sie bis zur Vollendung. Es fand ein Mahl statt und der Teufel hatte Judas, dem Sohn des Simon Iskariot, schon ins Herz gegeben, ihn auszuliefern. Jesus, der wusste, dass ihm der Vater alles in die Hand gegeben hatte und dass er von Gott gekommen war und zu Gott zurückkehrte, stand vom Mahl auf, legte sein Gewand ab und umgürtete sich mit einem Leinentuch. Dann goss er Wasser in eine Schüssel und begann, den Jüngern die Füße zu waschen und mit dem Leinentuch abzutrocknen, mit dem er umgürtet war." (Joh 13,1–5)

Mitten in der Verwirrung einer dramatisch zugespitzten Situation eine ebenso einfache wie eindrückliche Geste: Jesus wäscht den Seinen die Füße. In seiner göttlichen Hoheit, die der Text am Beginn deutlich betont, bückt er sich nieder zum Dienst eines Sklaven. So deckt er auf und fasst zusammen, was der Sinn seines ganzen Wirkens und seines Todes ist: die Offenbarung eines Gottes, der in dienender Liebe bis zum Äußersten geht.

- *Ein Gott in der Gottferne*

Wenn aber tatsächlich gilt, dass Jesus die Offenbarung Gottes in Person ist – was bedeutet dann sein Tod am Kreuz? Die ersten drei Evangelisten schildern die Hinrichtung Jesu vor allem als historisches Ereignis. So Matthäus:

„Von der sechsten Stunde an war Finsternis über dem ganzen Land bis zur neunten Stunde. Um die neunte Stunde schrie Jesus mit lauter Stimme: Eli, Eli, lema sabachtani?, das heißt: Mein Gott, mein Gott, warum hast du mich verlassen? Einige von denen, die dabeistanden und es hörten, sagten: Er ruft nach Elija. Sogleich lief einer von ihnen hin, tauchte einen Schwamm in Essig, steckte ihn auf ein Rohr und gab Jesus zu trinken. Die anderen aber sagten: Lass, wir wollen sehen, ob Elija kommt und ihm hilft. Jesus aber schrie noch einmal mit lauter Stimme. Dann hauchte er den Geist aus." (Mt 28,45–50)

In der westlichen Christenheit wurde das Kreuz Jesu über Jahrhunderte vor allem unter der Perspektive des Sühnetodes gesehen, der nicht selten einen bedrückenden Schatten auf das Bild von Gott geworfen hat: Wie kann Gott ein solches Opfer fordern? Im 20. Jahrhundert hat sich der Blick auf das Kreuz verändert. Mehr und mehr tritt das Bild eines Gottes in den Vordergrund, der in seiner Liebe uns Menschen nachgeht, wie der Hirt dem verlorenen Schaf. In Jesus geht er dabei bis zum Äußersten – bis in die Erfahrung der Gottferne. Das Kreuz wird zur dramatischen Offenbarung der Liebe Gottes – so wie es bereits der Evangelist Johannes gesehen hat: die Stunde, in der die Herrlichkeit Gottes, seiner Liebe aufleuchtet.[19]

Gott, Vernunft und Glaube

Das christliche Gottesbild ergibt sich – wie am Beginn dieses Abschnittes gesagt – aus einem Zusammenspiel von Erfahrungen, die als Offenbarungen Gottes verstanden werden und aus unabweisbaren Einsichten der Vernunft. Die Einsichten der Vernunft stellen das Fundament, den Rahmen und die Maßstäbe bereit, die es möglich machen, Aussagen der Religion über Gott angemessen zu verstehen, auch wenn sie mehr sagen als mit der Vernunft allein erkannt werden kann.

Aber der Vernunft kommt nicht nur die Rolle einer Kontrollinstanz zu. Philosophisches Denken kann durch Vernunftargumente einen Freiraum für den Glauben an Gott aufzeigen und eröffnen. Dieser Freiraum ist eine Einladung, dafür offen zu sein, ob und was sich von Gott zeigen mag.[20] Dieser Offenheit kann eine vielleicht ungewöhnliche, aber nicht unbedingt seltene Form der Frömmigkeit entsprechen, die man als Frömmigkeit der Frage bezeichnen kann. Sie kann sich zum Beispiel in einem Gebet spiegeln, das dem späteren Dominikanerpater und Arbeiterpriester Jacques Loew zugeschrieben wird: „Mein Gott, wenn es dich gibt, dann lass mich dich erkennen.' Was sich aus solcher Offenheit für Gott ergibt, kann von Mensch zu Mensch sehr unterschiedlich sein. Es wird davon abhängen, wie ein Mensch in einer Zusammenschau verschiedene Aspekte und Gesichtspunkte, Erfahrungen und Argumente im Blick auf Gott bewertet. Das kann schließlich auch dazu führen, dass jemand den Schritt von Gott als einer philosophischen Option zu einem religiösen Glaube macht.

Religiöser Glaube in seiner christlichen Ausprägung – das sind nicht mehr oder weniger sichere Vermutungen über Gott, auch nicht eine Hypothese, sondern das ist gläubiges Vertrauen in Gott, das dazu führt, sein Leben an ihm auszurichten und von ihm bestimmen zu lassen. Der Glaube an Gott hat seinen ‚Ort' nicht auf der gleichen Ebene wie das Wissen, das mithilfe der Wissenschaften gewonnen wird. Er ist eine Grundentscheidung, die Menschen für ihren Umgang mit der Wirklichkeit und dem Leben treffen und umschreiben, und für die sie allenfalls auch ihre Argumente vorbringen. Andere treffen die Grundentscheidung auf andere Weise – z. B. als Buddhisten, Agnostiker oder Atheisten. Immer aber ist sie, wie gezeigt worden ist, eine Option, für die man zwar Gründe nennen kann, die aber nicht unumgängliches Ergebnis wissenschaftlicher Erkenntnis ist.[21]

Die christliche Grundentscheidung versteht sich als Antwort auf die Gottesbotschaft, die ihren Ursprung in der Religionsgeschichte des Volkes Israel und im Wirken und im Geschick Jesu hat. Sie ist in der Heiligen Schrift des Alten und Neuen Testamentes grundgelegt und in der Glaubensgeschichte der Kirchen theologisch bedacht, entwickelt und formuliert worden. So ist die Überlieferung zum Medium für die Begegnung mit Gott und die Antwort des Glaubens geworden.

Selbstverständlich ist nicht alles in dieser Überlieferung von gleicher Bedeutung, gleich beachtenswert oder aktuell, und es kann nicht geleugnet werden, dass es eine bestimmte Bandbreite in der Darstellung und im Verständnis der Gottesbotschaft gibt. Hier hat in Geschichte und Gegenwart die Theologie ihren Platz. Ihr kommt die Aufgabe zu, den Prozess und den Inhalt der Überlieferung kritisch zu prüfen und so für den Glauben der Glaubensgemeinschaft und der Einzelnen in ihr eine verlässliche Grundlage zu schaffen. Auf diese Weise ist, so die These, die hier wiederholt werden soll, in der Geschichte des christlichen Glaubens ein Gottesbild ans Licht getreten, das in seinen wesentlichen Zügen wiedererkennbar ist und es ermöglicht, von einem christlichen Gottesbild zu sprechen.

VI. WENN GOTT ZUR GELEBTEN RELIGION WIRD

Es war der Naturwissenschaftler und christliche Denker Blaise Pascal († 1662), der mit einem offensichtlich hastig beschriebenen Zettel, der als *Memorial* in die Geschichte eingegangen ist, nicht nur seine Bekehrung dokumentiert, sondern auch eine Unterscheidung festgeschrieben hat, die immer wieder aufgegriffen worden ist. Nach seinem Tod hat man diesen Zettel eingenäht in das Rockfutter seines Mantels gefunden. Die Mitte seiner Bekehrungserfahrung markiert Pascal mit dem Begriff „Feuer". Dann fährt er fort[1]:

„Gott Abrahams, Gott Isaaks, Gott Jakobs, nicht der Philosophen und Gelehrten. Gewissheit. Gewissheit. Empfindung. Freude. Friede. Gott Jesu Christi. Deum meum et deum vestrum. ‚Dein Gott wird mein Gott sein.' Vergessen der Welt und aller Dinge außer Gott …"

Der Gott Abrahams, Gott Isaaks, Gott Jakobs bzw. der Gott Jesu Christi auf der einen Seite, der Gott der Philosophen und Gelehrten auf der anderen. Gott kann also als Wirklichkeit verstanden werden, die mithilfe der Vernunft erschlossen und zu einer vernünftigen Überzeugung wird. Gott als Wirklichkeit kann aber auch im Glauben erkannt werden, die sich auf Ereignisse stützt, die als Offenbarung Gottes verstanden werden. Diese beiden Zugänge waren das Thema der beiden vorangegangenen Abschnitte dieses Buches.

Wer Gott ist bzw. wie Gott verstanden wird, das zeigt sich aber nicht nur und gar nicht in erster Linie in Gedankengängen, sondern in einem Leben, das von einer gläubigen Überzeugung geprägt wird. Es wird sichtbar, wo der Gottesglaube zu etwas wie ein Vorzeichen in der Musik wird, das den Charakter eines ganzen Musikstücks bestimmt. Das kann sich unterschiedlich und sehr persönlich ausprägen. Es kann von bestimmten religiösen Traditionen, Riten und Gepflogenheiten bestimmt sein, es kann sich aber auch jenseits dieser Formen bewegen. Die folgenden Ausführungen legen sich nicht auf eine bestimmte religiöse Tradition fest, sondern bleiben eher allgemein. Sie haben aber vor allem monotheistische Religionen im Blick. Zu den einzelnen Themen, die angesprochen werden, kann gewiss mehr gesagt werden; aber sie werden nur soweit ausgeführt, dass sichtbar wird, was dabei von Gott sichtbar wird.

Gott einen Ort sichern

In religiös geprägten Gesellschaften hat Gott einen selbstverständlichen Platz. Er wird durch Feste und Gebräuche, heilige Zeiten, Riten und heilige Orte gesichert und bestimmt so das persönliche und auch das gesellschaftliche Leben. In Gesellschaften, in denen Menschen verschiedener religiöser Überzeugungen und unterschiedlicher Weltanschauungen leben, sieht das anders aus. Hier muss man sich bewusst für eine Überzeugung entscheiden und dafür, ihr im eigenen Leben einen angemessenen Platz zu geben. Als Beispiel dafür kann noch einmal an Madeleine Delbrêl erinnert werden, an die französische Sozialarbeiterin, die sich bewusst dafür entschieden hat, in einem Milieu zu leben und zu arbeiten, das von einer kommunistischen Einstellung und Distanz zur Religion geprägt war. Für sie und die kleine christliche Gemeinde heißt die grundlegende Herausforderung: „Gott einen Ort sichern."[2]

Viele ernsthaft religiös lebende Menschen werden bestätigen, dass es schon unter normalen Umständen zu einer Herausforderung werden kann, Gott Raum zu geben. Vieles, auch vieles was sie für wertvoll halten, liegt Menschen offensichtlich näher, drängt sich ihnen mehr auf: sich sozial engagieren, Gutes und Hilfreiches tun ... Niemand wird das infrage stellen. Und doch braucht es für religiöse Menschen auch eine direkte Aufmerksamkeit für Gott – wenn er nicht nach und nach verblassen soll. Das weiß jedenfalls die spirituelle Erfahrung.

Gott einen Ort sichern – diese Aufgabe wird heute vielerorts noch dringender. In unserer Gesellschaft gibt es eine Tendenz, Glaube und Religion bewusst auszublenden. Für die einen ist Gott einfach überflüssig, für andere ist der Glaube an ihn ein lästiges Hindernis, wieder für andere eine Ursache für gewalttätigen Extremismus. Dass Gott und der Glaube an ihn auch für anderes stehen kann und steht – für Hoffnung und Barmherzigkeit, für sozialen Einsatz und Kultur – das wird übersehen oder verschwiegen

Und auch die Wissenschaft arbeitet weitgehend ohne Gott. ‚Gott? – diese Hypothese brauche ich nicht.' hat der Naturwissenschaftler Pierre Simon Laplace († 1827) gegenüber Napoleon festgestellt. Und das ist längst zur Selbstverständlichkeit geworden. Das alles lässt auch Menschen, denen der Glaube an Gott wichtig ist, nicht unberührt. Auf der sachlichen Ebene kann man die Dinge zwar rasch klären: Dass Gott keine wissenschaftliche Hypothese ist, heißt ja nicht, dass es ihn nicht gibt. Und eigentlich gilt es unter nachdenklichen religiösen Menschen wohl als ausgemacht, dass ein, wie ihn der protestantische Theologe Dietrich Bonhoeffer († 1945) genannt hat, ‚Lückenbüßer-Gott' nicht wünschenswert ist – also ein Gott, den man dort einsetzt, wo man mit dem eigenen Wissen und Erklären nicht mehr weiterkommt. Trotz solcher Klarstellungen ist es keine einfache Sache, in einer Welt an Gott zu glauben, die auch ohne ihn gut auskommt. Vor allem dann, wenn man keinen rechten Rückhalt findet.

Gott einen Ort sichern – das bleibt aktuell. Es wird zuerst einmal heißen, dass man wissen muss, was mit dem Wort ‚Gott' gemeint ist, und dass auch beim heutigen Stand unseres Wissens gute Gründe genannt werden können, an ihn zu glauben. Aber es braucht noch mehr. Es braucht auch das Wissen und die Erfahrung, dass man mit seinem Glauben nicht allein ist. Es ist hilfreich zu sehen, wie viele ernsthaft nachdenkende Frauen und Männer selbstverständlich an Gott glauben und ihren Glauben praktizieren. Was den elementaren Gottesglauben betrifft, überschreitet diese Koalition der Glaubenden eigentlich viele Grenzen. Nur wird das in einer Gesellschaft, in der Religion zur Privatsache geworden ist, nicht so schnell sichtbar.

Gott einen Ort sichern – und was sagt das über Gott? Es erinnert an eine Erfahrung, die den Glauben vieler Menschen prägt: Gott drängt sich nicht auf. Gott ist eine Wirklichkeit, aber eine Wirklichkeit ganz eigener und einzigartiger Art. Gott ist mitten im Leben – jenseitig. So hat es der eben genannte Dietrich Bonhoeffer formuliert. Auch wenn der Glaube die Gewissheit schenkt, dass Gott uns nahe ist, so entzieht er sich doch dem Zugriff, mit dem wir über weite Strecken an die Wirklichkeit herangehen. Gott einen Ort sichern heißt zuerst einmal ein Gespür entwickeln für Aspekte der Wirklichkeit, die jenseits des Messbaren und Berechenbaren bedeutungsvoll und tragend sind. Und dann dem verborgen Gegenwärtigen, dem – gemessen an unserer alltäglichen Erfahrung der Wirklichkeit – ganz Anderen Raum geben.

Gott suchen

In der Ordensregel, die Benedikt von Nursia († 547) seiner klösterlichen Gemeinschaft gegeben hat und die zu einem der bedeutungsvollsten religiöse-kulturellen Dokumente der europäischen Geschichte geworden ist, findet sich eine interessante Anweisung. Wenn sich jemand an der Pforte des Klosters meldet, um in die Mönchsgemeinschaft aufgenommen zu werden, soll man prüfen, ob der Betreffende „wahrhaft Gott sucht"[3]. Man setzt also kein besonderes Wissen voraus, auch kein breit entfaltetes religiöses Leben, sondern ‚nur', dass jemand wirklich Gott sucht. Das genügt für den Anfang. Und wie die Erfahrung lehrt, ist und bleibt es ein Leben lang eine Aufgabe. Gottsuche als eine Art und Weise, wie der Mensch seine Beziehung zu Gott, seinen Glauben an ihn lebt. Und das nicht nur am Anfang seines Weges, bis er Gott gefunden hat, sondern ein Leben lang.

Der Grund dafür scheint einsichtig: Gott ist zu groß, als dass der Mensch mit seinen begrenzten Fähigkeiten ihn ein für alle Mal erfassen könnte. Und was der Mensch von Gott erkannt hat, das weckt in ihm oft neue Fragen. Man hat diese Weise, immer in Bewegung zu bleiben, in das Bild eines Schwimmers gefasst, der ständig neu ausgreifen muss und sich nicht am Wasser festhalten kann – er würde untergehen.[4]

Aber es ist nicht nur die Größe Gottes, die das Suchen in Atem hält, sondern auch das menschliche Leben, das mit immer neuen Situationen konfrontiert, neue Perspektiven öffnet, bisherige Gewissheiten infrage stellt. Das Leben kann mit seinen Erfahrungen die Erkenntnis Gottes vertiefen, aber auch verunsichern. Auf jeden Fall bleibt nicht einfach alles beim Alten. Wer seinen Glaubensweg wachsam geht und das Leben an seinen Gottesglauben heranlässt, der wird immer wieder anfangen zu fragen und zu suchen.

Diese Einsicht wird für diejenigen eine Beruhigung sein, die vielleicht schon öfter in ihrem Glauben von liebgewordenen Vorstellungen von Gott Abschied nehmen mussten oder bei unerwarteten Erfahrungen sich gefragt haben, ob sie sich noch als gläubige Menschen bezeichnen dürfen. Aber es gilt das ebenso einfache wie zutreffende Wort, das dem russischen Schriftsteller Lew Tolstoi († 1910) zugeschrieben wird: Wenn jemand aufhört, an seinen hölzernen Gott zu glauben, dann heißt das nicht, dass es keinen Gott gibt, sondern nur, dass er nicht aus Holz ist. Und dann gilt es, Gott jenseits vertrauter Bilder, an denen man sich bisher orientiert hat, zu suchen.

Man kann die Gottsuche noch grundsätzlicher sehen: „Jedes Mal, wenn die Menschheit ein Denksystem aufgibt, meint sie Gott zu verlieren."[5] Es ist die bedrängende Erfahrung, dass die Konturen Gottes verschwimmen, Gott sich aufzulösen scheint. Die bisherige Art und Weise des Denkens, in der Gott seinen Ort gehabt hat und verstanden werden konnte, muss aufgegeben werden. Auch in diesem Fall heißt das nicht, dass Gott nicht existiert, aber dass er in einem gewissen Rahmen undenkbar geworden ist, nicht mehr gedacht werden kann. Die neuzeitliche Auseinandersetzung zwischen Glauben und Naturwissenschaften bietet dafür einige Anschauungsbeispiele. Gott suchen heißt jetzt, den Ort suchen, an dem Gott auf neue Weise mit dem zeitgenössischen Denken in Verbindung gebracht werden kann – anknüpfend und gegebenenfalls auch im Widerspruch.

Wenn auf diese Weise das Suchen Gottes betont wird, dann mag man sich fragen, ob der Glaube an Gott damit nicht etwas verliert, was viele von ihm erhoffen: dass er ein tragfähiges und unerschütterliches Fundament für das Leben ist. Wird Gott damit nicht zu einer Hypothese mit einem Ablaufdatum? Das muss nicht so sein. Was sich ändern kann und ändert, sind die Vorstellungen von Gott, die Art und Weise, ihn zu denken. Gott selbst, der je größere Gott, *Deus semper maius* wird dadurch nicht infrage gestellt – eher im Gegenteil, er wird in seiner Größe bestätigt. Und die religiöse Überzeugung bzw. der Glaube ‚zielt' über alle Vorstellungen hinaus auf diesen größeren Gott. Er ist keine Gewissheit wie die, dass zwei und zwei vier ist. Er ist und bleibt gläubiges Vertrauen. Das kann – wem die Gnade geschenkt ist – zur fraglosen Gewissheit werden. Aber der Glaube kann auch im Bereich der Unsicherheit bleiben, vielleicht sogar zu einem gläubigen Trotzdem werden. Es gibt gute Gründe, sich Gott und dem Glauben an ihn anzuvertrauen und sich dafür zu entscheiden. Aber niemand kann verhindern, dass jemand zu seinem Vertrauen ein Fragezeichen setzt. Diese Unsicherheit bleibt kaum jemandem erspart – dem Gläubigen ebenso wenig wie dem Ungläubigen.[6]

Auch diese Erfahrung, dass Gott immer wieder gesucht werden muss, ist eine Aussage über Gott. Sie spricht davon, dass der Mensch die Wirklichkeit, der er gegenübersteht, zwar erfassen möchte, aber im Letzten nicht in den Griff bekommen kann. Eher ist es umgekehrt: Die Wirklichkeit hat gewissermaßen ihn im Griff. Das gilt in jedem Fall – im Glauben an Gott und auch dort, wo Menschen diesen Glauben nicht teilen. Der Mensch ist der Wirklichkeit am Ende nicht gewachsen. Und im Blick auf Gott werden Gläubige hinzufügen: Er muss ihr auch nicht gewachsen sein. Es genügt, sie bescheiden (oder sollte man nicht doch sagen: demütig) nachzudenken. Und zu wissen: Alles ist in Gottes Hand.

Beten

Woran kann man erkennen, dass Menschen an Gott glauben? Viele werden auf diese Frage spontan antworten: daran, dass sie beten. Dass jemand betet, ohne an Gott zu glauben, scheint widersinnig zu sein. Aber so schnell einem das Gebet in den Sinn kommen mag, die Frage ist nicht ganz einfach zu beantworten, was Beten eigentlich ist. Viele werden zuerst an Bitten denken – Gott bitten. Und an die Behauptung, dass Not beten, was wohl heißt: bitten lehrt. Aber das ist bekanntlich nicht so sicher, wenigstens nicht die einzige Möglichkeit.

Wenn man sich in der Welt der Religionen etwas umsieht, entdeckt man auf jeden Fall viele Formen und Umschreibungen des Betens. Beten kann sein Sprechen mit Gott, das Erheben der Seele zu Gott, es wird singend gebetet, tanzend, in Versenkung und Schweigen, im Lobpreis und als Klage, mit eigenen Worten oder in geprägten, oft jahrhundertealten Texten – und noch auf viele andere Weisen. Vielleich ist es nicht ganz verwegen, zu sagen, dass Gebet in allen seinen Formen immer eine Zeit der Aufmerksamkeit für Gott ist. So wird das Gebet tatsächlich zu einer besonderen Weise, den Glauben an Gott zum Ausdruck zu bringen. Selbstverständlich kann man den Glauben auch durch ehrliche und hilfreiche Beziehungen zu seinen Mitmenschen zum Ausdruck bringen. Aber ehrlich und hilfsbereit sind nicht nur gläubige Menschen. Wenn es aber um einen unverwechselbaren

Verweis auf Gott geht, dann wird man dem Gebet doch eine Sonderstellung zubilligen.

Das zeigt sich besonders in der schweigenden Anbetung, einer Gebetsform, in der Gott selbst im Mittelpunkt steht und nicht etwas, was man erbittet, oder etwas, wofür man dankt. Es geht also um Gott um seiner selbst willen – herausgenommen aus aller Verknüpfung mit dem menschlichen Leben, mit menschlichen Interessen. Auf diese Weise entspricht die Anbetung in besonderer Weise der einzigartigen Größe Gottes.

Ein eigenes Kapitel und manchmal auch ein Problemfeld ist das Bittgebet. Für nicht wenige ist Beten gleichbedeutend mit Bitten. Aber wenn es auch naheliegend ist, sich mit Anliegen an Gott zu wenden, so ist damit doch auch die Erfahrung verbunden, dass Gott auf menschliche Bitten nicht so reagiert, wie es die Bittenden erwarten. Auch darin kann man etwas von der Souveränität Gottes erkennen. Gott zu bitten und es zuzulassen, dass er schweigt – das kann nicht nur zu einer Erprobung des Glaubens, sondern auch zum Ausdruck der Anerkennung Gottes in seiner Göttlichkeit werden. Im Letzten bleibt Gebet immer ein Akt der Gottesverehrung, ein Sich-einfügen in das Wirken des je-größeren Gottes. Und so heißt es in einer modernen Ordensregel:

> „Suche dein Glück und deine Freude nicht in dem, was du in deinem Beten von Gott zu hören oder zu spüren glaubst, sondern vielmehr in dem, was du weder empfinden noch vernehmen kannst. Gott bleibt immer verborgen und nur schwer zu finden. Selbst wenn du meinst, ihn gefunden, erfahren oder erspürt zu haben, höre nicht auf, dem zu dienen, der im Verborgenen wohnt. Je weniger du begreifst, desto näher wirst du ihm kommen. Dein Gebet wird dich erkennen lassen, dass Gott immer der Ganz-Andere sein wird. Es wird dir aber ebenso zeigen, dass er dir innerlicher ist, als du es dir selber bist."[7]

Damit eng verbunden ist schließlich auch, dass das Beten oft schon für sich, ohne einen Blick auf ein greifbares Ergebnis, eine trostreiche Erfahrung ist. Nicht selten wird damit für das Beten geworben – eine Oase der Seele, Atemholen der Seele, Auftanken usw. Und viele werden bestätigen, dass sie auch das erfahren haben. Auf jeden Fall gilt: Wo immer zu Gott gebetet und Gott angerufen wird, spricht das Gebet davon, dass Gott als ein ansprechbarer Gott, als ein Du und in diesem Sinn als Person geglaubt wird. Wenn Betende dabei an Grenzen stoßen, ins Leere zu sprechen meinen, nichts mehr empfinden, dann spricht das nicht dagegen, ja es unterstreicht, dass Gott in seiner Göttlichkeit und Souveränität ‚der ganz Andere' (Karl Barth) ist.

Glaube, der zur Institution wird

Für viele Religionen ist es eine Selbstverständlichkeit: Gott ist über alles Greifbare, Sichtbare und einfach Benennbare unendlich erhaben. Gott und das Irdische müssen klar unterschieden werden. Und das gilt auch im Blick auf die Glaubensgemeinschaft und Religionen. Nichts scheint selbstverständlicher zu sein. Und doch muss es ausdrücklich gesagt werden. Denn im Leben und in der religiösen Praxis verschwimmen die Grenzlinien doch immer wieder: Das Licht des Göttlichen, das die Religionen hüten, fällt in gewisser Weise auch auf sie selbst und ihre Vertreter und verleiht ihnen – gewollt oder nicht – einen göttlichen Nimbus.

Wenn in den Religionen das Göttliche anschaulich, greifbar und erfahrbar wird, dann bringt das zweifelsohne einen Gewinn – Gott und der Glaube an ihn bekommen ein Profil. Gott bleibt nicht im Bereich frommer Ideen, sondern erscheint deutlicher als Wirklichkeit und wird im gesellschaftlichen Leben präsent. Religionen ermöglichen es den Glaubenden, ihrem Glauben Ausdruck zu verleihen, und das nicht nur als Einzelne, sondern auch in Gemeinschaft. In den Religionen werden religiöse Erfahrungen zu Traditionen, in die Menschen eintauchen und die sie fortführen können – in Theologie, Ritus, Kunst und Beheimatung.

Aber auch das andere ist wahr. Religionen können auch zur Gefahr werden, zu einer Versuchung, Gott in den Griff zu nehmen, eigenen religiösen, politischen und anderen Interessen dienstbar zu machen und den souverän Unfassbaren zu verwalten. Sie können zu gewalttätigen Auseinandersetzungen werden und Konflikte auf die Spitze treiben. Damit aber wird der Glaube an Gott in sein Gegenteil verkehrt. Ein Gott, der manipuliert und instrumentalisiert wird, ist kein Gott.

So erscheinen Religionsgemeinschaften als ambivalente Wirklichkeiten, sie müssen immer wieder zur Sache gerufen und in ihrem Glauben und Leben gereinigt werden. Das haben nicht zuletzt die Propheten gewusst und eingemahnt. Und nach Jahrhunderten der Neuzeit und der Aufklärung scheint es den meisten innerhalb und außerhalb vieler religiöser Gemeinschaften als selbstverständlich. Wenn Religion zur Privatsache erklärt und aus dem öffentlichen Leben verbannt wird, dann hat das nicht zuletzt damit zu tun, dass Religionsgemeinschaften den Sinn für ihre Relativität verloren hatten. Wo sie das Allerpersönlichste des Glaubens und seine Freiheit nicht respektieren, verfallen sie der Kritik. Und das zu Recht.

Und doch muss man auch in dieser Frage die Kirche im Dorf lassen und Besonnenheit einnahmen. Nicht nur im Blick auf den Beitrag des Glaubens in gesellschaftspolitischen und caritativen Fragen und Problemen, sondern auch im Blick auf den Gottesglauben. Dass er nicht in den Bereich des Privaten verschwindet, sondern gesellschaftlich präsent bleibt – auch dafür sprechen gute Gründe. Sie werden freilich nur denjenigen einleuchten, die die Möglichkeit und die Sinnhaftigkeit des Glaubens grundsätzlich zugestehen. Aber im Blick auf die Weltgeschichte erscheint es als erklärungsbedürftig, wenn ausgerechnet der Gottesglaube und damit Überzeugungen, die das Leben vieler Menschen tragen, ihnen Orientierung und Hoffnung geben, Kunst und Kultur inspirieren, aus dem öffentlichen Leben und Diskurs verbannt werden.

Das alles spricht dafür, dass auch der Gottesglaube in der Gesellschaft institutionell und organisiert präsent ist und bleibt. Damit das gelingt, wird man einer Glaubensgemeinschaft zugestehen können, dass sie sich nicht als zufällige Summe von persönlichen Überzeugungen versteht, sondern ein Interesse daran hat, ihrem Ursprung treu zu bleiben. Das wird verständlich machen, dass es in ihr so etwas wie eine gemeinsame Lehre gibt. Nicht als Mittel, in die Seelen der Menschen hineinzuregieren, wohl aber als Hilfe, damit die Ursprünge wirksam und die Konturen des Glaubens klar bleiben und der Glaube als eine verlässliche Orientierung taugt.

Dass Gott zur Religion, also zu einer Institution in der Gesellschaft wird – sagt auch das etwas über ihn selbst aus? Hier wird die Antwort zögernd ausfallen. Religionen sind über weite Strecken menschliche Versuche, dem zu entsprechen, was man für eine gebotene oder sinnvolle Konsequenz des Glaubens an Gott hält. Gott wird dabei wahrgenommen als eine Wirklichkeit, die den Menschen in die Pflicht nimmt. Er spiegelt sich in den Ausdrucksformen der Religionen. Und weil sie menschliche Antwort sind, spiegelt er sich auf menschliche Weise. Und so kommt Gott uns entgegen im Medium des Menschlichen, und es bedarf behutsamer Unterscheidung, damit er selbst im Blick bleibt und das Menschliche ihn nicht verstellt oder allzu Menschliches ihn pervertiert.

Gott – politisch

Sollen Religionen politisch werden? Die Frage ist überflüssig – sie sind politisch. Wenn in einer Gesellschaft Menschen entsprechend ihren Überzeugungen leben und handeln, und das noch dazu in Institutionen, dann werden sie zu einer politischen Größe. Das muss nicht Parteipolitik sein; diese wird oft bewusst abgelehnt. Aber dass auch religiöse Menschen – genauso wie Atheisten oder Agnostiker – ihre Vorstellung von der Gestaltung des gesellschaftlichen Lebens zur Geltung bringen wollen, ist eigentlich eine Selbstverständlichkeit.

Allerdings gibt es außerhalb und innerhalb von Religionen Stimmen, die Gott und die Politik streng trennen wollen. Sie bestehen darauf, dass die Politik nicht in die Kompetenz von religiösen Führern, Bischöfen und Priestern gehört. Sie sollen sich mit Gott beschäftigen, aber nicht mit Wirtschaftsfragen, dem Welthandel oder der Frage des Klimas. Freilich: In allen politischen Fragen geht es um Menschen und ihr Schicksal – und sie sind immer ein Thema der Religionen.[8]

Und deshalb gibt es genügend andere gläubige Menschen, für die der Einsatz für gesellschaftliche Aufgaben keine Überschreitung der Kompetenz und keine Inkonsequenz ist. Sie engagieren sich nicht trotz ihres Glaubens, sondern als Konsequenz ihres Glaubens an Gott. Der Glaube an Gott schärfe ihnen den Blick für die Wirklichkeit, die Würde und das Schicksal der Menschen und für die Notwendigkeit von gesellschaftlichen Bedingungen, in denen sich menschliches Leben entfalten kann. Sie sehen die Wirklichkeit im Licht ihres Glaubens: Die Erde mit ihren natürlichen Ressourcen ist nicht unser Besitz und kein Rohstofflager, das wir ausbeuten dürfen, sondern sie ist uns Menschen zu treuen Händen anvertraut. Alle Menschen sind gleich in ihrer Würde und dürfen nicht als Schachfiguren der Politik oder der Wirtschaft behandelt werden. In diesem Sinn spricht Papst Franziskus in seiner Enzyklika *Laudato si* von der „Sorge für das gemeinsame Haus".

Wie z. B. die Formulierung der Menschenrechte und anderer Vereinbarungen klar macht, sind diese Werte kein Monopol der Religionen, aber Religionen können eine große Hilfe sein, dass sie öffentlich in Erinnerung gerufen, zu festen Überzeugungen und einem tatkräftigen Engagement werden. In diesem Sinn kann an die erste Europäische Ökumenische Versammlung 1989 in Basel erinnert werden. Sie hat drei politisch bedeutsame Begriffe zu einem Programm verbunden und zu Leitmotiven eines Prozesses gemacht: Frieden, Gerechtigkeit und Bewahrung der Schöpfung.[9] Worauf sich in Basel Vertreter der christlichen Konfessionen geeinigt haben, das hat Kreise gezogen. In verschiedenen Treffen und Konferenzen sind auch Vertreter der anderen Weltreligionen ins Boot gekommen und tragen das Anliegen mit. Nicht zuletzt sind die interreligiösen Treffen für den Frieden in Assisi und in anderen Städten zu nennen.[10]

Diese Beispiele machen sichtbar, dass trotz aller Unterschiede zwischen den Religionen die plakative Gegenüberstellung von Glaube an Gott auf der einen Seite und Einsatz für die Gesellschaft auf der anderen über weite Strecken den Religionen nicht gerecht wird. Für ein gesellschaftspolitisches Engagement braucht es eine klare Unterscheidung der Kompetenzen, nicht nur theologische Kenntnisse, sondern auch ausreichende Sachkenntnisse in Politik, Wirtschaft und Wissenschaft. Das vorausgesetzt kann man durchaus sagen: Gott ist – auch – eine politische Größe.

Es sei erlaubt, darauf hinzuweisen, dass im Christentum das gesellschaftliche Engagement sehr direkt damit verbunden ist, wie Gott verstanden wird. Es spiegelt sich darin der Glaube an einen Gott, der nicht in ferner Erhabenheit geblieben ist, unberührt von den Geschehnissen in der Welt, sondern sich in Jesus von Nazareth auf die Geschichte und die Wechselfälle eines menschlichen Schicksals eingelassen hat. In einem Lied, das Paulus in seinem

Brief an die Gemeinde von Philippi zitiert, heißt es: Jesus „war Gott gleich, hielt aber nicht daran fest, Gott gleich zu sein, sondern er entäußerte sich und wurde wie ein Sklave und den Menschen gleich. Sein Leben war das eines Menschen; er erniedrigte sich und war gehorsam bis zum Tod, bis zum Tod am Kreuz."[11] Darin hat sich auf unerwartete Weise ein unerwarteter Gott gezeigt.

Ein Gott und viele Religionen

In den Religionen geht es um das, was Menschen heilig ist. Dass sie es schützen wollen scheint verständlich. Schützen vor Entstellungen und vor Verhaltensweisen, die ihrem Verständnis des Heiligen nicht entsprechen. Um diesen Schutz zu erreichen, hat man in den Religionen das Eigene vom Fremden deutlich abgegrenzt, den wahren Gott von den falschen Göttern. Und das nicht immer friedlich.

Die gegenteilige Haltung der Toleranz war (und ist) viel schwerer durchzusetzen. Nicht selten erschien sie als eine unangebrachte Anerkennung dessen, was man eigentlich für falsch hält. Zwar hat es in der Geschichte immer wieder Stimmen gegeben, die Respekt vor den Andersgläubigen verlangt haben. Aber es hat eine Zeit gebraucht, bis man verstanden hat, dass man unterscheiden muss zwischen Personen, denen man auf jeden Fall Achtung schuldet, und ihren Überzeugungen, die man deshalb nicht anerkennen oder teilen muss.

Ebenso war eine Entwicklung notwendig, bis man verstanden hat, dass der eine Gott als ein Gott aller Menschen verstanden werden kann. Und dass die religiösen Intuitionen und Lehren in den verschiedenen Kulturen und Religionen sich nicht nur unterscheiden, sondern z. T. auch übereinstimmen. So hat es bereits in den ersten Jahrhunderten des Christentums die Rede von den ‚Saatkörnern des Wortes' und den ‚Strahlen der Wahrheit' gegeben. Damit haben gebildete Christen jene Ideen und Lehren bezeichnet, die sie in philosophischen und religiösen Überzeugungen gefunden haben und die dem eigenen Glauben zu entsprechen schienen.[12] Die eigene Religion mit der Wahrheit gleichsetzen und die anderen Religionen als Lug und Trug ansehen, ist damit eigentlich unmöglich.

In der zweiten Hälfte des 20. Jahrhunderts ist es in der sogenannten Theologie der Religionen zu einer breiten Diskussion gekommen, wie das Verhältnis der Weltreligionen zu bestimmen sei. Man wollte einerseits zeigen, dass die unterschiedlichen, ja widersprüchlichen religiösen Vorstellungen nicht als ein Argument verstanden werden müssen, das jeden religiösen Anspruch auf Wahrheit ausschließt.[13] Auf der anderen Seite wollte man alles tun, um durch den Frieden unter den Religionen den Weltfrieden zu unterstützen.[14] So ist es zur Ausbildung der sogenannten pluralistischen Theologie der Religionen gekommen, die davon ausgeht, dass alle Religionen Gott gleich nahe bzw. gleich fern sind. Dagegen haben sich, nicht zu Unrecht, Einwände erhoben. Aber auf jeden Fall ist heute, jenseits voreiliger Harmonisierungen und rigoroser Abgrenzungen ein vorurteilsloser Blick und eine differenzierte Sicht der Religionen unumgänglich.

Ein Gott und viele Religionen – was wird in dieser Perspektive über Gott gesagt? Vor allem das: Gott ist nicht ein Stammes-Gott, nicht der Gott eines einzigen Volkes neben den Göttern anderer Völker. Ob Gott die Vielfalt der Religionen wollte oder ob sie aus menschlicher Unzulänglichkeit oder gar aus Unglauben komme – vermutlich darf man sich mit der Beantwortung solcher Fragen nicht übernehmen. Und man braucht es wohl auch nicht. Respekt ist auf jeden Fall angebracht. Und man sollte die Empfehlung des Zweiten Vatikanischen Konzils beherzigen, das als repräsentative Stimme der Katholischen Kirche ausgerechnet im Dokument über die Mission den Blick darauf gelenkt hat, „welche Reichtümer der freigiebige Gott unter den Völkern verteilt hat"[15] – und damit sind gewiss keine materiellen Reichtümer gemeint. Wer damit rechnet, wird gewiss nicht die eigene Überlieferung geringschätzen. Für ihn wird aber auch die Begegnung mit anderen Kulturen und Religionen nicht belanglos sein können, oder nur Anlass zu Kritik, Abgrenzung oder Mission. Er wird sich fragen, ob in der Begegnung mit anderen Religionen nicht auch Aspekte erkennbar sind, die für den Glauben an den Deus semper maior, den je größeren Gott bedeutsam sind.

VII. ÜBER GOTT SPRECHEN – UND SCHWEIGEN

Wie in den Ausführungen dieses Buches deutlich geworden ist, hat sich in der Geschichte der Christenheit und ihrer Theologie die Überzeugung durchgesetzt, dass zwei Wege der Gotteserkenntnis möglich sind: der Glaube an eine Offenbarung Gottes und ein Weg, der sich allein auf Argumente der Vernunft stützt.[1]

Ein Glaube – (wenigstens) zwei Sprachen

Diese grundlegende Einsicht konnte allerdings nicht verhindern, dass in einzelnen Bereichen der Christenheit immer wieder Misstrauen gegenüber einer Gotteserkenntnis aufkommt, die sich allein auf die Vernunft stützt. Und das durch die ganze Geschichte des jüdisch-christlichen Glaubens. Als Kronzeugen konnte und kann man auf den Apostel Paulus verweisen, der in seinem ersten Brief an die Gemeinde von Korinth der Weisheit dieser Welt die Torheit des Kreuzes gegenübergestellt hat.[2] Im Mittelalter hat sich angesichts einer hoch rationalen Theologie die Partei der Antidialektiker formiert[3], in der Neuzeit gegenüber den Rationalisten die Fideisten[4] und am Beginn des 20. Jahrhunderts hat z. B. Karl Barth der liberalen Theologie die dialektische Theologie entgegengesetzt.

Die Vernunft-Skepsis in der Theologie stützt sich auf beachtenswerte Argumente, und unter ihren Vertretern finden sich große Geister. Sie verweisen darauf, dass die menschliche Vernunft der Größe Gottes und seinem Handeln nicht gewachsen sei. Sie vermag nur ein menschliches Bild von Gott zu zeichnen, aber keines, das seiner Göttlichkeit entspricht. Und sie unterminiere mit ihren Fragen und Subtilitäten den ‚einfachen' Glauben, der Gott gegenüber das einzig Angemessene sei. Das sind keine ängstlichen Befürchtungen, es stehen dahinter Erfahrungen, Fragen und Argumente, die es wert sind, bedacht zu werden.

Allerdings gibt es auf der Seite der Vernunft-Kritik nicht nur große Geister und wichtige Argumente, sondern manchmal auch Zerrformen des Glaubens, die sich aus nicht durchschauten Emotionen speisen und ideologisch zu einem Argwohn verfestigten, der den Glauben jeder Anfrage vonseiten der Vernunft entziehen will und hoch problematisch werden kann. Es ist nicht zuletzt Joseph Ratzinger gewesen, der einer solchen Selbstgenügsamkeit widersprochen hat. In einem Gespräch mit Jürgen Habermas hat er die Einsicht formuliert, dass es auch „Pathologien in der Religion gibt, die höchst gefährlich sind und die es nötig machen, das göttliche Licht der Vernunft sozusagen als ein Kontrollorgan anzusehen, von dem her sich Religion immer wieder neu reinigen und ordnen lassen muss"[5]. Aber auch die Vernunft ist kein Absolutum, weder unbestechlich noch aus sich schon moralisch, sondern als menschliche Vernunft immer begrenzte Vernunft. Ja, es gibt – so Ratzinger – auch „Pathologien der Vernunft", und deshalb müsse sie „an ihre Grenzen gemahnt werden und Hörbereitschaft gegenüber den großen religiösen Überlieferungen der Menschheit lernen."[6] Es ist dieses Plädoyer für beiderseitige Selbstkritik, das nicht zuletzt für den Versuch, Gott zu denken und über ihn zu sprechen, bedeutsam ist.

Der Versuch, beim Sprechen über Gott nicht nur dem Glauben, sondern auch den Ansprüchen der Vernunft gerecht zu werden, führt tief in die Theologie und damit zur Frage, ob der Glaube damit nicht zu einer Sache der philosophisch Begabten wird. Werden damit nicht die ‚einfachen Gläubigen' enterbt zugunsten der Theologie bzw. des theologischen Feuilletons? Diese Frage ist nicht neu und die Antwort darauf ebenfalls nicht. Bereits im christlichen Altertum hat es die Unterscheidung zwischen einfachen Gläubigen, den sogenannten ‚Pistikern', und den ‚Gnostikern', den Wissenden im Glauben, gegeben. Und entgegen mancher Abwertung der Einfachen hat gute Theologie immer gewusst, dass ihnen eine Würde in der Gotteserkenntnis zukommt, die man nicht infrage stellen darf.

Und so ist es kein Kompromiss und kein halbherziges Zugeständnis, wenn man davon ausgeht, dass es im Blick auf Gott zwei Sprachen gibt, geben kann und geben muss. Allein schon der ursprüngliche Kontext der Theologie, also der vernunftgestützten Mühe um den Glauben, die Klöster und Dome mit ihrem Gebet, ihrer Bibellesung und ihrer Liturgie hat vor die Aufgabe gestellt, zwei Sprachen zu lernen – die Sprache des Glaubens, nicht zuletzt der Bibel und der Liturgie, und die Sprache der Reflexion des Glaubens. Ganz selbstverständlich hat z. B. Thomas von Aquin das Evangelium gehört und gelesen und als Ordensmann die Psalmen gebetet. Für ihn war die biblische Sprache über Gott immer eine von Gott gegebene Vorgabe. Das hat ihn aber nicht daran gehindert, Gott im Kontext rationaler Argumentation jenseits aller biblischer Umschreibungen als *ipsum esse subsistens* zu bezeichnen.[7] Zwei Sprachen, jede hat ihre Anlässe und jede ihrer Berechtigung. Sie stellen uns noch einmal vor die Frage, wie man als Mensch unserer Zeit die einfache und die theologisch-reflektierte Sprache des Glaubens miteinander verbinden kann. Und noch grundsätzlicher, wie angesichts der Möglichkeiten und der Grenzen menschlichen Erkennens und menschlicher Sprache über Gott angemessen bzw. überhaupt gesprochen werden kann.

Das Sprechen über Gott sein lassen?

Wie man über Gott sprechen könne, auf diese Frage antworten manche direkt und kompromisslos: überhaupt nicht. In der Unübersichtlichkeit unseres Wissens, auch über Religionen und den Glauben an Gott, und angesichts von Fragen, deren man nicht Herr wird, erscheint es manchen am angemessensten, sich als Agnostikerin bzw. als Agnostiker zu verstehen und jeder Aussage über Gott zu enthalten. Ignoramus et ignorabimus. Wir wissen es nicht, ob Gott eine Wirklichkeit ist, wie es um ihn steht, und wir werden es auch in Zukunft nicht wissen. Die Frage nach Gott – so wird vorgeschlagen – muss offenbleiben. Sie im Sinne des Atheismus zu beantworten sei ebenso unangebracht wie die Antwort des Glaubens.

- *Das Gewicht der Frage nach Gott*
Aber was heißt das – die Frage nach Gott offenlassen? Ist das überhaupt möglich? Nun, es ist wohl nicht schwer, eine Frage, von der nichts abzuhängen scheint, offenzulassen. Anders ist es, wenn ich eine Frage für dringlich bzw. eine Antwort auf diese Frage für wichtig, ja entscheidend halte. Dann werde ich einiges unternehmen, um Klarheit zu gewinnen. Im Blick auf Gott wird daher die erste Frage lauten: Wie wichtig ist es dir zu klären, was es um Gott ist?
Manchen ist die Frage nicht wichtig. So wenig, wie die Frage nach Zeus oder dem Yeti. Sie wissen, dass es Menschen gibt, die

an Gott glauben – aber das scheint ihnen seltsam und für das eigene Leben bedeutungslos. Andere erheben Einspruch – wie vor einigen Jahren der Schriftsteller Martin Walser mit seinem Buch *Über Rechtfertigung. Eine Versuchung.* Im Anschluss an eine Diskussion mit einem Atheisten notiert er: „Aber dass es nicht genügt zu sagen, Gott gebe es nicht, ahne ich. Wer sagt, es gebe Gott nicht, und nicht dazusagen kann, dass Gott fehlt und wie er fehlt, der hat keine Ahnung. Einer Ahnung allerdings bedarf es."[8]

Andere werden nicht nur sagen, dass Gott ihnen fehlt, sondern dass sie ihn gefunden haben und was er ihnen bedeutet. Madeleine Delbrêl hat das, wie bereits gezeigt worden ist, in Form eines Gebetes formuliert, in dem sie Gott anspricht: „Als ich erfahren hatte, dass du lebst, habe ich dir dafür gedankt, dass du mich ins Leben gerufen hast, und ich habe dir für das Leben der ganzen Welt gedankt …"[9]

Wer wie Madeleine Delbrêl über sein Leben spricht bzw. sprechen kann, für den hat Gott und die Frage nach ihm zweifellos Bedeutung. Menschen wie sie werden nicht dafür plädieren, die Frage nach Gott offen zu lassen und über ihn zu schweigen.

- *Gott – denkbar?*

Aber es gibt selbstverständlich auch eine philosophische Problematik, die zum Schweigen über Gott führen kann. Es sind Schwierigkeiten, auf die man mit der Gottes-Frage im Kontext der Philosophie und der Wissenschaft stößt. Diese Schwierigkeiten kann man nicht leugnen. Und auch nicht, dass es Menschen gibt, für die das Offenlassen der Frage mit einem mühevollen Ringen und großer ethischer Anstrengung verbunden ist.

Ludwig Wittgenstein ist dafür ein prominentes Beispiel. In seinem *Tractatus logico-philosophicus* führt die rigorose Argumentation zum berühmt gewordenen Schlusssatz „Wovon man nicht sprechen kann, darüber muss man schweigen."[10] Dass damit auch der Gottesglauben gemeint ist, steht außer Zweifel. Erst später ist bekannt geworden, dass dieser Satz nicht mit einer Abweisung religiöser Fragen und Themen gleichzusetzen ist. Aus seinen *Tagebüchern* geht klar hervor, wie sehr er sich intellektuell und ethisch damit auseinandergesetzt hat.[11] Der Agnostizismus, der im letzten Satz seines Tractatus zum Ausdruck zu kommen scheint, war das eine, sein Leben und Denken haben sich offensichtlich damit nicht zufriedengegeben.

Das zeigt sich in seinem zweiten großen Werk, den *Philosophischen Untersuchungen*. Darin zeigt Wittgenstein, dass es sehr verschiedene Weisen gibt, wie menschliches Sprechen sinnvoll sein kann. Bedeutungsvoll ist menschliches Sprechen nicht nur, wenn man die dabei verwendeten Begriffe mit (empirisch fassbaren) Gegenständen in Beziehung setzen kann, sondern auch dann, wenn sie Teil eines Sprachspiels sind, dessen Regeln diejenigen, die daran teilnehmen, bekannt sind. Damit steckt Wittgenstein einen weiteren Rahmen ab, innerhalb dessen auch das Sprechen über Gott seinen Platz finden kann. Andere Autoren haben auf ähnliche Weise gezeigt, dass sich eine zu enge Sicht weder begründen lässt noch dem menschlichen Leben und Sprechen gerecht wird. Damit eröffnen sich auch für die Rede über Gott wieder neue Möglichkeiten.

- *Schweigen in einer redseligen Gesellschaft?*

Wenn es um den Sinn eines agnostischen Standpunktes geht, kann aber noch ein weiterer Aspekt bedacht werden. Was bedeutet es in einer Welt voller Stellungnahmen, auch in Sachen Gottes, wenn man sich einer Antwort, auch einer vorsichtigen Antwort enthält? Wem überlässt man damit das Feld? Denen, die sich darüber lustig machen? Denen, die ein religiöses Bedürfnis kommerziell nutzbar machen wollen? Die es politisch oder anderweitig instrumentalisieren? Es ist ja nicht immer das vornehme Haus der Philosophie, in dem diskutiert wird. Oft genug ist es eine Öffentlichkeit, in der Unausgegorenes, Halbwahrheiten, Moden, Slogans und nicht zuletzt die political correctness aufeinandertreffen. Und das nicht zugunsten des Glaubens an Gott. Ob man sich da eines Standpunktes enthalten kann oder soll?

Nein – wenigstens dafür sollte man eintreten, dass die Frage nach Gott ihr Gewicht hat und dass sie ein ernsthaftes Gespräch wert ist. Dass die Existenz Gottes von vornherein ausgeschlossen werden kann – das ist im Letzten nicht begründbar. Ein entschiedener Atheismus weiß zu viel über Gott – so paradox es klingt. Vor allem, dass er nicht existiert. Der Frage nach Gott ihr Gewicht zu geben und sie trotzdem offenzulassen, ist – wie zu zeigen versucht wurde – alles andere als einfach und alles in allem nicht so sinnvoll, wie es auf den ersten Blick scheint. Der Glaube an Gott und die Theologie werden die Schwierigkeiten und Fragen, die sich dabei ergeben, durchaus eingestehen. Aber sie werden das, was für den Glauben an Gott spricht, als Grundlage für eine positive Entscheidung nehmen. Und sie können auf ein jahrhundertelanges Nachdenken über das Sprechen im Glauben zurückgreifen.

Worte für den Gott über allen Namen

Wie kann man über Gott sprechen? Diese Frage ist aktuell, aber nicht neu. Sie begleitet das Denken über Gott durch die Jahrhunderte. So unterschiedlich sie beantwortet wird, eines scheint unbestritten: Man kann über Gott nicht wie über andere Wirklichkeiten sprechen, mit denen wir in Alltag und Wissenschaft zu tun haben. Denn Gott ist – nicht nur in christlicher Perspektive – kein Teil der Welt, sondern ihr Schöpfer. Es braucht also eine Sprache, die nicht missverständlich ist und ihn nicht, wenigstens scheinbar, zu einer Wirklichkeit neben anderen Wirklichkeiten macht.

- *Zwei unerwünschte Alternativen*
Damit stehen im Blick auf Gott zwei unerwünschte Alternativen einander gegenüber – das bereits genannte agnostische Schweigen und eine allzu menschliche (anthropomorphe) Redeweise. Eine anthropomorphe Redeweise führt zu Folgerungen, die unlösbare Probleme mit sich bringen. Man braucht nur an die biblischen Erzählungen von der Erschaffung der Welt in sieben Tagen und von Gott, der den Menschen aus Ackererde formt, denken. Wörtlich genommen gerät man mit solchen Aussagen in unlösbare Widersprüche zu einem modernen Weltbild, aber auch zur Göttlichkeit Gottes. Das schließt freilich nicht aus, dass sie in einer symbolischen Auslegung zu wertvollen Einsichten führen.

Aber auch das Schweigen über Gott, der Agnostizismus, hat – wie bereits angesprochen – in einem jüdisch-christlichen Kontext seine Probleme. Es stützt sich auf die Einsicht, dass unsere Sprache nur zum Sprechen innerhalb unserer Welt geeignet ist und nicht darüber hinaus. So zieht es einer bestimmten Richtung der sprachanalytischen Religionskritik für den sinnvollen Gebrauch der Sprache eine Grenze und will zeigen, dass Aussagen, die diese Grenze ignorieren, auch Aussagen über Gott, sinn-leer sind – non-sense. Wenn aber Gott unnennbar wird – ist dann Religion noch möglich? Zweifellos wäre es an dieser Stelle interessant, Stimmen fernöstlicher Religionen zu hören. Im jüdisch-christlichen Kontext ist aufs Ganze, trotz aller Hochschätzung des religiösen Schweigens, der Verzicht auf ein Sprechen über Gott nicht denkbar. Das Votum der Geschichte ist eindeutig. Aber ist eine Alternative zum Schweigen denkbar?

- *Bilder, Metaphern, Analogien*

Es gibt ein selbstverständliches Sprechen über Gott. Oft ist es ein einfaches Sprechen – einfach, wie zum Beispiel die Sprache der Evangelien. Und die Erfahrung zeigt, dass es vielerorts für den Glauben und die Verständigung über ihn genügt. Man weiß, was bzw. wer gemeint ist, auch wenn man einräumt, dass nicht alle Begriffe wörtlich zu nehmen sind. Man weiß, dass die religiöse Sprache auf Bilder und Metaphern angewiesen ist. Sie ergeben nicht eine – wie man manchmal sagt – ‚uneigentliche Redeweise', sondern sind im Gegenteil oft die angemessenste Art und Weise, Gott zur Sprache zu bringen. Und so heißt es in der einfachen Sprache des Glaubens, im Beten und auch im Gottesdienst: Gott ist unser Vater, er ist Licht, ewige Weisheit, er hat die Welt erschaffen ... Weil die damit verbundenen Vorstellungen und Bilder nicht selten zueinander in Spannung stehen, ja unvereinbar erscheinen, ergeben sich Fragen und die Notwendigkeit, dieses Sprechen über Gott zu reflektieren. Was heißt: Gott ist Vater? Gott ist Licht?

Die Frage ist nicht neu, und auch die methodischen Schritte, mit deren Hilfe eine Antwort formuliert werden kann, haben ihre Geschichte. Es ist die Lehre von der sogenannten analogen Redeweise, die einen Weg zwischen dem agnostischen Schweigen und einer zu menschlichen Rede über Gott sucht. Die Grundidee wurde im Hochmittelalter sogar vom Lehramt übernommen. Das Vierte Lateran-Konzil (1215) hat sie in eine kühne Formel gegossen: „Denn zwischen dem Schöpfer und dem Geschöpf kann man keine so große Ähnlichkeit feststellen, dass zwischen ihnen keine noch größere Unähnlichkeit festzustellen wäre."[12]

Ähnlichkeit und noch größere Unähnlichkeit. Illustriert an einem einfachen, in der Bibel wichtigen Beispiel: ‚Gott ist Vater.' Was ‚Vater' im Kontext unseres Lebens heißt, ist klar. Wie aber kann man von Gott als Vater sprechen? Die Einsicht ist naheliegend, dass Gott gedacht werden muss als einer, der auf göttliche Weise Vater ist, Vater im besten und im höchsten Sinn, nicht gewalttätig, kein Patriarch. Um das sicherzustellen, muss Gott ohne alle Unvollkommenheiten und Entstellungen gedacht werden. Und so wird dann gesagt: Gott ist nicht sterblich – er ist unsterblicher Vater; Gottes Macht ist uneingeschränkt – er ist allmächtiger Vater usw. Bei der Aussage ‚Gott ist Licht' ist die Zuordnung des Begriffes ‚Licht' noch etwas komplexer, aber im Prinzip geht es um den gleichen Grundsatz. Philosophisch gesprochen heißt das: Gott wird nicht univok als Vater bezeichnet, sondern auf analoge Weise. Dabei wird eine gewisse Ähnlichkeit zwischen Gott und einem irdischen Vater vorausgesetzt und durch den Begriff ‚Vater' zum Ausdruck gebracht, aber auch die Unähnlichkeit kommt durch Steigerung und Negation zur Sprache.

Dabei muss man ernst nehmen, dass in der Heiligen Schrift und in der Überlieferung des Glaubens für Gott immer viele verschiedene Bilder verwendet worden sind, die nicht ohne Spannung miteinander verbunden werden können. Gott kann nicht durch ein einziges Bild erfasst werden, sondern seine Wirklichkeit wird im Zusammenklang der verschiedenen Bilder sichtbar.

Sprechen über Gott ist eigentlich immer Sprechen an der Grenze des Sagbaren und über das Sagbare hinaus. Das aber ist vor allem eine Domäne der Poesie, einer Sprache, in der Gleichnisse, Bilder und Metaphern mehr Bedeutung haben als wohldefinierte Begriffe. Das Jenseits der Sprache kann nicht einfach ausgesagt werden. Eher wird zutreffen, worauf Ludwig Wittgenstein hingewiesen hat: es zeigt sich in dem, was gesagt, aber auch nicht gesagt wird. Die Frage, was das Gesagte eigentlich meint, ist gerade bei poetischen Texten naheliegend, aber auch problematisch. Denn der Versuch, sie zu beantworten, beschädigt nicht nur die poetische Form, sondern bringt auch die Einsicht, die vermittelt werden soll, in Gefahr. Nicht zuletzt gilt das auch für Aussagen über Gott. Wenn man mithilfe von Begriffen zu verdeutlichen versucht, was in Bildern und Metaphern über Gott gesagt wird, dann kann die gesuchte Klarheit das eigentlich Gemeinte verfälschen.

Ob man sich aber mehr auf Bilder und Metaphern oder auf Begriffe stützt, immer gilt ein Wort, das dem Mystiker Johannes vom Kreuz zugesprochen wird: „Alles Gesagte ist so viel kleiner als das, was wirklich ist."

- *Hinweise ins unbegreifbare Geheimnis*
Auf diese Weise tritt an die Seite einer wie selbstverständlich verwendeten Bilder-Sprache die Sprache reflektierter Begriffe. Dabei darf man nicht übersehen, dass es keine Begriffs-Sprache gibt, die gänzlich ohne Vorstellungen auskommt.[13] Damit allerdings ergeben sich zwei Probleme. Wenn jedes Sprechen über Gott sich mehr oder weniger auf Vorstellungen und Metaphern stützt, dann muss man zugestehen, dass nicht alle Metaphern mit jedem Weltbild vereinbar sind. Gott als Töpfer, der den Menschen aus Ackererde geformt hat – diese Vorstellung war für den biblischen Autor in seinem Weltbild möglich. Dass Gott als Schöpfer der Welt im Himmel thront, das war in einem dreistöckigen Weltbild plausibel. Aber heute werden solche Vorstellungen zum Problem.

Das andere Problem ergibt sich bei der analogen Redeweise: Wenn der Weg der analogen Redeweise konsequent gegangen wird, dann kommt man zu Gedanken, die zwar logisch zwingend sind, aber – wie z.B. Gott als ‚reine Vollkommenheit' – „radikal unvorstellbar, weil unanschaulich". So formuliert es Otto-Hermann Pesch in seiner Dogmatik.[14] Und weil Gott unvorstellbar ist, kann er auch nicht begriffen werden. Alles, was man über ihn sagt, so fasst Pesch zusammen, „ist immer nur Hinweis ins unbegreifbare Geheimnis hinein."[15]

Dieser Einsicht scheint in besonderer Weise die Sprache der Poesie zu entsprechen. So hat z.B. Paul Konrad Kurz die Psalmen als eine Form des Sprechens charakterisiert, mit der die menschliche Sprache die unmittelbar zugängliche Wirklichkeit in Richtung Gott übersteigt.[16] So werde bei jüdisch-christlich inspirierten Autoren Göttliches „beziehungsvoll angesprochen ... Der dem Menschen zugängliche Welthorizont wird im Du Gottes anvisiert."[17] Nicht nur weil Gott als der ganz Andere erfahren wird, sondern auch angesichts von Fragen, die unbeantwortbar bleiben, ist die poetische Rede oft ein behutsames Sprechen, das Gott eher in Brechungen umkreist als direkt anspricht.

Aber entzieht man mit dem Hinweis auf das Geheimnis Gottes nicht jeder konkreten Aussage die Grundlage und opfert sie dem philosophischen bzw. theologischen Problembewusstsein? Kann man an einen Gott glauben, dessen Bild auf diese Weise zu verschwimmen scheint? Ist die negative Theologie am Ende nicht doch ein Agnostizismus, das Eingeständnis, dass wir von Gott nichts wissen und daher auch nichts sagen können? Andererseits erscheint ein Sprechen über Gott, das zu sehr Bescheid zu wissen scheint, ebenso problematisch. Es braucht auch angesichts des Geheimnisses eine Sprache, die Orientierung gibt. Aber wie?

- *Qualifizierte Unwissenheit*
Henri de Lubac hat in seinem Buch *Auf den Wegen Gottes* der Unaussprechlichkeit Gottes ein eigenes Kapitel gewidmet. Seine Ausführungen helfen einzuschätzen, wie weit unsere Gotteserkenntnis reicht. Entsprechend der Lehre von der Analogie unterstreicht er die Bedeutung der Negation beim Sprechen über Gott. So führe die menschliche Erkenntnis zu einer „qualifizierten Unwissenheit"[18]. Sie sei also nicht schlichtes Nichtwissen, sondern ein Wissen, das durch die Negation qualifiziert wird.

De Lubac wird konkret: „Man soll nicht sagen: ‚Gott ist nicht gut, er ist unverständlich'; man soll eher sagen: ‚Gott ist die Güte selbst, doch diese Güte vermag ich nicht zu verstehen.'"[19] Die erste Aussage, die de Lubac zurückweist, wäre das Eingeständnis eines Nichtwissens. In der zweiten Aussage bringt der Begriff der Güte einen verständlichen Gehalt ins Spiel – es geht um Güte und nicht um eine andere Eigenschaft Gottes. Der zweite Teil des Satzes schränkt das Verstehen ein, allerdings ohne die Güte grundsätzlich infrage zu stellen.

Diese qualifizierte Unwissenheit erläutert de Lubac an anderer Stelle mit Verweis auf das, was Begriffe leisten können: „Unsere Begriffe haben die Macht, Gott in Wahrheit zu *bedeuten* – und dennoch vermögen wir im eigentlichen Sinn Gott in keinem der Begriffe zu *fassen*"[20]. Auf der einen Seite haben Begriffe also die Fähigkeit, Gott andeutend in den Blick zu rücken. Das hält de Lubac für möglich, nicht aber, dass mithilfe dieser Begriffe Gott in seinem Wesen vollständig erfasst wird. Und de Lubac fügt hinzu: Eben darin, dass die Begriffe Gott nicht zu erfassen vermögen, „bedeuten sie Ihn wirklich."[21] Gott ist zwar nicht unerkennbar, aber eben unfassbar. Nur so ist Gott – Gott. Und das zeigt sich darin, dass die verwendeten Begriffe angesichts seiner Größe versagen. Was auf den ersten Blick als Mangel erscheinen könnte, erweist sich als die angemessene Art und Weise, wie das Sprechen Gott wirklich gerecht wird. Auf diese Weise wird Gott nicht sprachlich in den Griff genommen, sondern die Aussagen sind, wie es Pesch formuliert hat, „Hinweis". Beides gilt: Gott ist unfasslich, aber nicht unerkennbar. Er ist und bleibt unbegreifbar, aber die Aussagen über ihn sind bedeutsame Hinweise, mit deren Hilfe man sich auf Gott hin orientieren kann.

Das Schweigen der Glaubenden

Was von Thomas von Aquin und dem Ende seines Wirkens überliefert wird, ist ebenso bekannt wie eindrucksvoll. Er, einer der Großen in der Geschichte der Theologie, legt nach einer geheimnisvollen Erfahrung mitten in seiner Arbeit an der *Summa theologiae* den Schreibgriffel nieder und ist durch nichts zu bewegen, sein Werk zu vollenden. Seine einzige Erklärung, die überliefert ist, lautet: Angesichts dessen, was er erfahren habe, erscheint ihm alles, was er geschrieben hat, wie Stroh.[22]

Immer wieder hat man darin einen Hinweis gesehen, dass nicht nur die Theologie, sondern alles Sprechen über Gott und zu ihm an eine letzte Grenze stößt, die nicht überschritten werden kann. Es bleibe nur das Schweigen – und das sei eigentlich die angemessenste Weise, sich auf Gott zu beziehen. Nach den vielen Hinweisen auf die Bedeutung der negativen Theologie, die vor allem herausstreicht, was Gott nicht ist, verwundert es kaum, dass auch im Glauben das Schweigen hochgeschätzt wird – nicht unter allen Umständen, aber als äußerster Hinweis auf die Göttlichkeit Gottes.

- *Vielgestaltiges Schweigen*

Es gibt, wie bereits gezeigt worden ist, auch andere Gründe und Motive, über Gott zu schweigen. Für die einen ist er schlicht nicht der Rede wert; andere wissen nicht, wie sie über ihn sprechen könnten; wieder anderen ist Gott in einer säkularen Öffentlichkeit peinlich oder sie beugen sich einer tatsächlichen oder vermuteten political correctness. Aber auch Resignation oder Verbitterung, die vielleicht gar keinen direkten Bezug zu Gott haben, können Grund für das Schweigen über Gott sein. Und nicht zuletzt gibt es ein kämpferisches Schweigen über Gott – er dürfe nur im privaten Bereich, aber nicht in der Öffentlichkeit Thema sein.

Der Theologe Heinz Schürmann hat das Schweigen über Gott, das er als Professor in der ehemaligen DDR erlebt hat, als eine markante Herausforderung für die Zukunft des Glaubens an Gott gesehen. In einer theologisch-spirituellen Zeitdiagnose spricht er von einer „dunklen Spiritualität"[23], die dadurch gekennzeichnet sei, dass „sich das Schweigen immer mehr ausbreiten"[24] werde. Aber es muss und wird nicht immer ein Schweigen jenseits des Glaubens, sondern kann auch ein gläubiges Schweigen sein – „Anbetung, Rühmen und Preisen Gottes in atheistischer oder gottverlorener Umwelt" und „dunkle Kontemplation"[25]. Im äußersten Fall könne das Schweigen auch zu „Passion und Martyrium"[26] werden.

- *Gott als Geheimnis*
Aber das gläubige Schweigen muss nicht unbedingt aus einer Grenzerfahrung kommen, es kann auch aus der Mitte des Glaubens kommen. Der Grund des Schweigens kann im namenlosen Staunen angesichts einer Erfahrung mit Gott liegen, dem das eigene Sprachvermögen nicht gewachsen zu sein scheint. Gläubige Menschen begründen deshalb ihr Schweigen nicht selten mit dem Hinweis, dass Gott Geheimnis – Mysterium – ist. Geheimnis – das ist im Blick auf Gott tatsächlich ein Schlüsselbegriff. Karl Rahner, der eine stark philosophisch geprägte Theologie vertreten hat, rückt ihn in die Mitte seiner Ausführungen über Gott – er spricht vom ‚heiligen Geheimnis'.[27]

Der Begriff des Geheimnisses ist auf jeden Fall eine Absicherung gegen Vorstellungen von Gott, die in die Irre führen. Dafür ist es allerdings wichtig, den Begriff des Geheimnisses richtig zu verstehen. Eine Klärung wird damit beginnen, dass der Begriff ‚Geheimnis' etwas anderes bedeutet als ‚Problem'. Probleme sind da, um gelöst zu werden; im besten Fall können sie durch gründliche Arbeit verschwinden. Gott als Geheimnis schließt zwar gründliches Fragen und Nachdenken nicht aus, aber am Ende verschwindet das Geheimnis nicht – Gott bleibt Geheimnis. Henri de Lubac hat dafür ein einprägsames Bild gefunden: Wer Gott verstehen will, der gleicht „dem Schwimmer, der sich, um sich über Wasser zu halten, im Meer voranbewegt und mit jedem Zug einer neuen Welle zu begegnen hat. Unaufhörlich stößt er die sich immer neu bildenden Vorstellungen zur Seite, wobei er wohl weiß, daß sie ihn tragen, daß aber bei ihnen zu verweilen, sein Untergang wäre."[28] Der Begriff des Geheimnisses steht dafür, dass Gott immer noch größer ist als alle Begriffe, auf die wir nicht verzichten können, die wir aber als unzureichend zurücklassen müssen.

Gott als Geheimnis schließt das Denken nicht aus, ja es fordert es sogar in besonderer Weise heraus. Die Geschichte der Theologie kennt zahlreiche Beispiele für herausragende denkerische Leistungen, die im Nachdenken über Gott vollbracht worden sind und weit in den außertheologischen Bereich ausgestrahlt haben.[29] Auf jeden Fall darf der Begriff des Geheimnisses nicht zur Ausrede werden, sich die Mühe des Nachdenkens zu ersparen oder sich gegen Anfragen zu immunisieren.

- *Nicht Absage – Vertiefung*

Schlussendlich ist aber noch auf eine Frage bzw. einen Einspruch zu verweisen, der sich aus einem Wort Jesu ergibt: „Nicht wer zu mir sagt: Herr! Herr! wird in das Himmelreich kommen, sondern wer den Willen meines Vaters im Himmel tut."[30] Nicht reden und spekulieren, sondern handeln – das sei – so könnten es kritische Geister formulieren – der Auftrag, der nicht nur mit dem jüdisch-christlichen Glauben an Gott verbunden ist, zumal in einer Welt voller brennender Probleme.

Dass es Jesus im Evangelium auf das Handeln ankommt, wird man nicht leugnen können. Aber man wird auch fragen dürfen, ja müssen, ob dem Engagement für die Armen, für Gerechtigkeit und Frieden und für einen achtsamen Umgang mit den natürlichen Ressourcen ein Dienst erwiesen wird, wenn Gott aus der Welt der Sprache und des Bewusstseins ins Schweigen verschwindet. Und dass eine authentische Religion nur eine Religion der schweigenden Verehrung des Göttlichen sein kann, ist alles in allem wohl kaum zu begründen. Im Gegenteil: Es spricht einiges dafür, dass es wichtiger ist, über die letzten Dinge zu stottern, als über vorletzte Dinge exakt zu sprechen.

Thomas von Aquin, der gegen Ende seines Lebens ebenso rätselhaft wie beeindruckend verstummt ist, hat sich auf dieses Exerzitium eingelassen – ein Leben lang. Sein Schweigen war kein leeres Schweigen, sondern gefüllt mit Betrachtung, Gebet und Wissen aus dem Glauben. Sein Schweigen und das Schweigen aller Glaubenden vor der Göttlichkeit Gottes, seiner „heiligen Unbegreiflichkeit" (Karl Rahner[31]) sind nicht Resignation oder Abbruch, sondern letzte Vertiefung des Wissens um Gottes Göttlichkeit.

VIII. ZUM ABSCHLUSS: GOTT ERNSTHAFT GEDACHT

Zeigen, dass Gott der Rede wert ist – das war die Absicht dieses Buches. Es wollte nicht nur deutlich machen, dass es Sinn macht über Gott zu sprechen, sondern auch wünschenswert, ihn als Wirklichkeit zu verstehen. Denn es macht einen Unterschied, ob man mit Gott rechnen kann oder nicht. Und mit welchem Gott man rechnen kann oder nicht.

Das Nachdenken über Gott ist in diesem Buch über weite Strecken im philosophischen Bereich geblieben. Das biblische und christliche Gottesbild ist zwar auch zur Sprache gekommen, aber es ist nicht umfassend und nachdrücklich zur Geltung gebracht worden. Deshalb kann man kritisch anmerken, dass es für die Frage, ob Gott der Rede wert ist, einen Unterschied macht, ob man im Bereich des philosophischen Denkens bleibt oder auch den jüdisch-christlichen Glauben und seine Theologie einbezieht. Einem solchen Einwand muss man ohne Zweifel zustimmen.

Wenn man, wie es in diesem Buch geschehen ist, das Sprechen über Gott trotzdem einschränkt, dann aus zwei Gründen. Auf diese Weise sind – erstens – die Überlegungen vielleicht nicht nur im Umkreis des christlichen Glaubens von Interesse. Und – zweitens – geht es um die Fundamente des Glaubens an Gott, auch des christlichen Glaubens an den Gott, der in Jesus Christus Mensch geworden ist und sich so als drei-eine Liebe geoffenbart hat. Zur Sicherung dieser Fundamente hat man auch in der christlichen Theologie immer das philosophische Denken beigezogen. Und – so soll an dieser Stelle hinzugefügt werden – auch der Gott des philosophischen Denkens ist nicht ein folgenloses Gedankenspiel. Die Überzeugung, dass Gott eine Wirklichkeit ist, führt zu markanten Konsequenzen. Jedenfalls dann, wenn man das Denken ernst nimmt.

Gott denken – nicht ohne Folgen

Gott allein auf philosophische Argumente gestützt denken, heißt, eine Wirklichkeit in den Blick zu nehmen, die Vorrang, etwas pathetischer gesagt: absoluten Vorrang verdient. Denn Gott kommt nicht irgendwo und irgendwie ins Denken, sondern als die Voraussetzung, als die Bedingung der Möglichkeit für alles, was existiert, für alles Erkennen und Denken. So werden Gott und Welt nicht in eine gleichrangige, sondern in eine gestufte Beziehung gebracht. Die Existenz der Welt kann dann nicht ohne Gott gedacht werden, Gott aber kann ohne die Welt gedacht werden. Aus diesem Vorrang Gottes ergeben sich aber Konsequenzen für das Verständnis der Welt, der Gesellschaft und des Menschen.

- *Befreiende Weite*
Gott allen Ernstes zu denken, führt daher immer dazu, dass der Kosmos, die Welt, der Mensch und das Leben eine andere Bedeutung bekommen. Sie werden zwar zu vorletzten Wirklichkeiten, aber sie werden auch aus einer Enge befreit, die dann entsteht, wenn das Irdische, also die Gesellschaft, das menschliche Denken, die Wissenschaften usw. absolut gesetzt werden. Und so formuliert der Journalist Jan Roß in seinem Buch *Die Verteidigung des Menschen*: „Der Mensch braucht nicht nur die Erde, sondern auch den Himmel: damit er nicht in einer alternativlosen, klaustrophobischen Wirklichkeit leben muss."[1]

Roß, dessen Buch die Ausführungen auf diesen Seiten inspiriert hat, vertritt die These, dass – wie es im Untertitel seines Buches heißt – Gott gebraucht werde, damit der Mensch Mensch bleiben kann. Dass Gott eine Wirklichkeit ist, und der Glaube an ihn nicht nur sinnvoll, sondern notwendig – dafür stehe die Religion. Dabei vermeidet Roß alle Schwarz-weiß-Malerei und kritisiert die konkrete Praxis der Religionen zum Teil heftig. Aber auch das Schreckliche, das durch Religionen geschehen ist, sei kein Grund, sich von ihnen abzuwenden, sondern auf das zu achten, wofür sie eigentlich stehen: Gott.

Gott steht bei Roß also für die befreiende Weitung des Horizontes. Mit einem kritischen Blick auf gesellschaftliche, kulturelle und geistige Entwicklungen weist er darauf hin, dass nicht nur Religionen übergriffig werden und die Freiheit des Menschen einschränken können. Es gebe auch „die umgekehrte Gefahr: den Totalitarismus der Welt."[2] Dagegen stehe die Religion. Sie ist „der Inbegriff dieses ‚Draußen', das den Lauf der Dinge stört, den Ring der Zwangsläufigkeiten aufsprengt."[3] Und Roß illustriert seine Überzeugung mit markanten Alternativen: Religion bzw. der Glaube ist eine „Perspektive, in der die Welt nicht einfach vorhanden, sondern geschaffen ist, wo Sünden vergeben werden, die Toten auferstehen und der Homo sapiens keine biologisch und sozial konditionierte Überlebensmaschine darstellt, sondern ein sündenanfälliges, erlösungsbedürftiges und geheimnisvolles Gotteskind."[4]

- *Grund zu Hoffnung*

Dass die irdische, dem menschlichen Erkennen naheliegende Welt durch die Religion eine zusätzliche Dimension und eine befreiende Weite erhält, heißt im Blick auf die Zukunft – Hoffnung. Der Wissenschaftstheoretiker Holm Tetens, der in diesem Buch bereits öfter zu Wort gekommen ist, hat im Zusammenhang mit der Frage, ob Gott gedacht werden kann, einer Welt ohne Gott eine gläubige Perspektive gegenübergestellt: „Anders als in naturalistischer Sicht ist die Zukunft der Welt in einer theistischen Erlösungsperspektive radikal offen."[5] Das aber habe sehr konkrete Konsequenzen: Nur der, der an Gott glaubt, „vermag in der Hoffnung zu leben, dass die Welt gut wird, ohne dass er die Übel und Leiden in der Welt mit Resignation, tragischer Auflehnung, zynischem egoistischen Hedonismus oder illusionären Selbsterlösungswahn quittieren muss."[6]

Vermutlich wird Tetens zugestehen, dass es selbstverständlich auch Menschen gibt, die nicht an Gott glauben und trotzdem auf das Dunkle und Bedrückende nicht mit Resignation, Auflehnung, Hedonismus und Selbsterlösungswahn reagieren. Aber es geht ihm wohl nicht um Beobachtung des menschlichen Verhaltens, sondern um die unterschiedliche Logik zweier Weltbilder. Es geht um die Frage, welche Konsequenzen sich aus ihren zentralen Aussagen ergeben. Eine Hoffnung, die sich auf den Glauben an Gott stützt, ist gewiss eine einzigartige Möglichkeit, mit vielfältigen Begrenzungen und schmerzlichen Einschränkungen leben zu können. Nicht zuletzt deshalb, weil der Horizont der Hoffnung für einen gläubigen Menschen nicht mit dem Sterben endet: „Selbst mit dem Tode verliert kein Mensch eine letzte Chance, daran teilzuhaben, dass und wenn Gottes Schöpfung am Ende gut wird. Das ist der größte Trost der Erlösungshoffnung."[7]

- *Ehrfurcht*

Viele Probleme wie Armut, Klimawandel und Terror, die heute bedrückend auf der Menschheit lasten, sind verbunden mit Fragen der Einstellung. Oft genug wird man feststellen müssen, dass es an Vorsicht und Behutsamkeit, an Ehrfurcht fehlt. Nicht zuletzt gegenüber Menschen. Aber wer ist das eigentlich – der Mensch? Eine christliche Grundaussage lautet: Der Mensch ist Ebenbild Gottes. Eine Aussage, die im Umkreis heutiger anthropologischer Aussagen für viele eher aus der Zeit gefallen klingt. Trotzdem macht sich Jan Roß zum Anwalt dieser religiösen Sichtweise: „Der Mensch ist ein Geheimnis. Wir sehen in ihm Gottes Ebenbild, das heißt soviel wie: Wir respektieren dieses Geheimnis."[8] Im Kontrast dazu zeichnet Roß eine Perspektive ohne Gott: „Ohne den Schutz des religiösen Tabus wird der Mensch berechenbar für die Wissenschaft, kontrollierbar für die Macht, eine Funktion der biologischen, psychischen und sozialen Realität. Warum nicht versuchen, ihn zu dressieren, zu verbessern oder abzuschaffen? Der geheimnislose Mensch ist der verfügbare Mensch."[9]

Jan Roß übersetzt die religiöse Sicht des Menschen als Ebenbild Gottes in Aussagen, die auch in einer nicht-religiösen Perspektive Sinn machen. Das erinnert an ein Programm, das der Philosoph Jürgen Habermas skizziert hat. Dabei geht es ihm, der sich selbst als religiös unmusikalisch bezeichnet, um das Erbe der Religion in einer säkularen Gesellschaft. Während im herkömmlichen Lauf der Säkularisierung religiöses Wissen nicht selten als unbrauchbar abgeschrieben und verdrängt wurde, tritt Habermas für eine Säkularisierung „im Modus der Übersetzung"[10] ein. Denn – so Habermas – in der religiösen Sprache sind „semantische Potentiale"[11], also Bedeutungsgehalte aufgehoben, die der säkularen Vernunft, wenn sie allein auf sich gestellt ist, nicht zugänglich sind. Als Beispiel nennt er die Sicht des Menschen als Ebenbild und stellt fest: „Diese *Geschöpflichkeit* des Ebenbildes drückt eine Intuition aus, die in unserem Zusammenhang auch dem religiös Unmusikalischen etwas sagen kann."[12]

- *Gut und Böse*

Manche erwarten sich vom Glauben an Gott Antworten auf alle Fragen. Die Geschichte des christlichen Glaubens zeigt allerdings, dass man in diesem Fall nicht gut beraten ist. Sinnvoller ist es, genau zu unterscheiden, welche Fragen der Glaube beantwortet und für welche Fragen man sich an anderer Stelle erkundigen muss. Das gilt auch für die geistige und die moralische Orientierung, für die Frage nach Gut und Böse. Obwohl auch hier in den Einzelfragen oft profanes Sachwissen beigezogen werden muss, bleibt doch die grundlegende Frage offen: ob es so etwas wie Gut und Böse überhaupt gibt. Den einen scheint das selbstverständlich, andere bestreiten es. Genau hier vertritt die Religion – so noch einmal Jan Roß – in der Regel eine klare Position. Allerdings muss man ein Missverständnis abwehren: „Gläubige sind keine besseren Menschen. Sie versagen vor ihrem Glauben (in dem sie schwach sind und seine Gebote nicht halten), und sie versagen durch ihren Glauben (weil er sie zum Fanatismus und zum Hochmut verführen kann)."[13] Niemand, der die Geschichte der Religionen kennt, wird das bestreiten. Das vorausgesetzt, wird man allerdings ebenso sicher unterschreiben, was Roß daran anschließend ausführt: „Aber dass Gut und Böse keine Einbildung sind, sondern eine Realität, dass man nicht alles haben kann, sondern sich entscheiden muss ... das wird von keiner Instanz in der Welt so hochgehalten und verteidigt wie von der Religion. Das bleibt. Und es ist, nach unserer bescheidenen Erfahrung mit ein paar Jahrtausenden Menschheitsgeschichte, unersetzlich."[14]

Die vorgelegten Überlegungen wollen nicht behaupten, dass der Glaube unfehlbar bestimmte Konsequenzen nach sich zieht. Menschen, auch gläubige Menschen, sind über weite Strecken – leider – nicht konsequent und bleiben oft hinter dem zurück, was ihr Glaube eigentlich fordert. Und die Perversion des Höchsten ist allemal höchste Perversion. Das spricht nicht gegen das Hohe, sondern gegen dessen Missbrauch.

Aber es gibt doch so etwas wie eine innere Logik in der Art und Weise, wie Gott gedacht wird und gedacht werden muss. Diese Logik liegt nicht immer offen zutage, ja, sie kann durch unangemessene Gottesbilder verdunkelt und verdeckt werden. Aber wenn der Gottesbegriff einmal gereinigt ist, dann kann man Gott eigentlich nicht denken, ohne dass damit bestimmte Konsequenzen verbunden werden. Gott denken – das relativiert die irdische Wirklichkeit, öffnet sie in die Transzendenz und in die Hoffnung, verschafft der Unterscheidung von Gut und Böse ein Fundament und Nachdruck usw. Und so entsteht ein mehr oder weniger umfassendes Bild der Wirklichkeit, die im Glauben an Gott ihre Grundlage hat.

Eine Überzeugung mit Fragen

Wenn es um das philosophische Nachdenken über Gott geht, werden nicht alle die gleichen Argumente für sinnvoll halten und allen Schlussfolgerungen zustimmen. Aber durch ihr Denken und das Abwägen der Argumente machen sie deutlich, dass sie das Thema für wichtig und Gott des Nachdenkens und der Rede wert halten. So können schon Fragen nach Gott als eine erste Antwort verstanden werden. Sie entsprechen einem Plädoyer, das die Herausgeber eines Themenheftes mit dem Titel „Nach Gott fragen" am Ende ihrer Einleitung formuliert haben. Damit wollten sie erklären, warum sie sich für dieses Thema entschieden haben: „Nach Gott zu fragen, sei es in der Weise der Theologie, sei es mit Blick auf das Religiöse in der säkularen Welt, ist ein Exerzitium. Mit leichter Drohung gesprochen: Wer es ausschlägt, nimmt Schaden – der Gläubige an seiner Seele, der Ungläubige an seinem Intellekt."[15]

Mit ‚leichter Drohung', also vornehm und zugleich entschieden, wird eine doppelte Behauptung in den Raum gestellt. Wer sich der Frage nach Gott verweigert, der bleibt hinter dem zurück, was dem religiös Suchenden und dem der Vernunft Verpflichteten eigentlich entspricht. Aber was heißt es, ‚nach Gott zu fragen'?

Es heißt in einem ersten Schritt, dass man eine – vielleicht nicht sehr exakte – Vorstellung, manchmal auch eine Ahnung davon hat, wofür der Begriff ‚Gott' steht. Wer sich in der Religionsgeschichte umsieht, wird genügend Anhaltspunkte finden: jenseitiger Urgrund von allem, was ist; das Absolute, das allem Halt und Bestand gibt; höchstes Wesen, das ebenso fern ist wie es sich unserem Denken aufdrängt; mysterium fascinosum et tremendum in und über allem; ein letztes Geheimnis, das mich berührt, das mich etwas angeht und das etwas mit meinem Leben zu tun hat; ein Du, das hinter den Dingen ist und von dem sich in den tiefen menschlichen Erfahrungen wie Liebe oder Schönheit etwas erahnen lässt; eine ‚Stimme', die in meinem Gewissen spricht und meine Entscheidungen führt; ein höchstes Wesen, das die Ereignisse des Lebens lenkt und den Lauf der Dinge kennt … Nach Gott zu fragen beginnt damit, solchen Spuren Gottes nachzugehen.

Das setzt in der Regel voraus, dass man mit seinem Denken an eine Grenze gekommen ist. An eine Grenze, die das Denken stocken lässt und zugleich herausfordert. Nach Gott zu fragen heißt, nicht zurückzuschrecken, wo Begriffe verschwimmen und übliche Erkenntniswege ungangbar werden. Sich z. B. immer noch und immer wieder der unabweisbaren Frage vor und jenseits aller Wissenschaft zu stellen: „Warum ist überhaupt etwas und nicht vielmehr nichts?" Und manche fügen ergänzend eine Einsicht dazu, die Albert Einstein zugeschrieben wird: Das Unbegreifliche an der Welt ist, dass sie begreiflich ist. Warum?

Nach Gott fragen kann sich aber auch, gestützt auf Ahnungen oder Argumente, aus der Einsicht ergeben, dass etwas fehlt, etwas Grundlegendes. „Gott fehlt. Mir." Diese Notiz findet sich bei Martin Walser, der bekennt, dass er nicht glauben könne. Und er ergänzt: „Aber dass es nicht genügt zu sagen, Gott gebe es nicht, ahne ich. Wer sagt, es gebe Gott nicht, und nicht dazusagen kann, dass Gott fehlt und wie er fehlt, der hat keine Ahnung. Einer Ahnung allerdings bedarf es."[16]

Für wen die Frage nach Gott auf diese Weise Gewicht bekommen hat, der wird im Nachdenken der Jahrhunderte nicht nur Antworten finden, sondern auch auf weitere Fragen stoßen. Oft erweisen sie sich als begründet, manchmal ergeben sie sich aber auch aus Missverständnissen, die Menschen mit Gott verbinden, selbst dann, wenn sie nicht an Gott glauben. Die Klärung der Begriffe und Vorstellungen erweist sich als eine unumgängliche Notwendigkeit.

Warum verbirgt sich Gott? Etwas nüchterner formuliert: Warum ist die Wirklichkeit Gottes so schwer zugänglich? Wenn Gott wirklich das oder der Wichtigste ist, warum ist er dann unserem Erkennen so sehr entzogen? Warum ist man auf die Wege subtilen philosophischen Nachdenkens angewiesen und auf die zerbrechliche Brücke des Glaubens? Oder gehen wir mit unserem Denken von falschen Voraussetzungen aus, wenn wir Gott zum Thema unseres Denkens machen?

Wer ist das eigentlich – Gott? Es sind nicht nur unterschiedliche Vorstellungen in den religiösen Traditionen, die zu dieser Frage führen. Ist Gott ein unpersönlicher Urgrund, eine kosmische Energie, eine Kraftquelle oder ein Du, das man ansprechen kann und das Menschen hört, ja erhört. Es ist nicht schwer, sich im Gebetsruf der Psalmen wiederzufinden: „Lass dein Angesicht über uns leuchten!" Zeig uns, Gott, wer du bist!

Warum lässt Gott das Böse und das Übel zu? Eine Frage, die sich immer wieder stellt. Und das vor allem dann, wenn man an einen gütigen und barmherzigen Gott glauben will. Warum die Katastrophen? Die vielen Gräuel in Geschichte und Gegenwart, die von Menschen, auch im Namen Gottes, angerichtet worden sind und werden? Ja – nicht wenige Frauen und Männer wollen Gott mit frommen, gescheiten und hilfreichen Argumenten gegen eine mögliche Anklage verteidigen. So bedenkenswert ihre Überlegungen sind – immer wieder bricht die Frage aufs Neue auf: Warum, Gott?

Ist Gott für den Menschen da, oder der Mensch für Gott? Sind wir Gott Rechenschaft schuldig? Müssen wir uns vor ihm verantworten? Kann Gott also einen Anspruch auf uns Menschen geltend machen? So wird heute nicht oft gefragt. Es scheint ausgemacht, dass Gott ein ‚lieber Gott' ist, barmherzig und nachsichtig. Genügend Zitate aus der Bibel scheinen das zu belegen. Aber gibt es in der Bibel nicht auch andere Seiten? Und erst recht im Leben, denen eine zu einfache Rede vom ‚lieben Gott' nicht standhält? Ist Gott vielleicht doch nicht nur Antwort auf unsere Fragen, sondern stellt auch er uns Fragen?

Mit der Vernunft einen Weg zu Gott zu suchen, führt nicht nur zu Einsichten, sondern auch zu Fragen. Aber verhindern Fragen den Zugang zu Gott? Gewiss nicht – sie sind ja der Ausgangspunkt dafür, dass man jemanden oder etwas sucht, das nicht Teil der ‚irdischen' Wirklichkeit ist und daher auch nicht im Innenraum dieser Wirklichkeit gefunden werden kann. Fragen führen an die Grenzen der Wirklichkeit. Sie können helfen, den Weg zur Erkenntnis Gottes gegen Irrwege abzusichern, Kurzschlüsse zu vermeiden und das Gottesbild vor Entstellungen zu bewahren. Selbst Fragen, die man nicht beantworten kann, sind kein Indiz dafür, dass das Nachdenken über Gott sich nur mit sinnlosen Phantasieprodukten beschäftigt und dass Gott gar nicht existiert.

Immer wieder wird sich Gott – auch – als fragwürdig erweisen – infrage gestellt durch gewichtige Einsichten, aber auch in dem Sinn, dass er des Fragens wert ist. Ja, es gibt Fragen, die von

Gott zutreffender sprechen als vorschnelle gläubige oder ungläubige Antworten. Fragen, die sich auf Gott beziehen, öffnen und markieren einen gedanklichen Raum und machen sichtbar, dass die von uns Menschen erfassbare Wirklichkeit vom Unfassbaren umgeben ist. Und so gibt es Fragen, die auch durch stichhaltige Antworten nicht zum Schweigen gebracht werden können. Sie sind es wert, auf der Tagesordnung des Denkens zu bleiben.

Gott um seiner selbst willen

Gott wird gebraucht, damit der Mensch Mensch werden und bleiben kann. Das ist die These, die Jan Roß in seinem Buch in mehreren Anläufen durchdenkt. Das menschlich Wünschenswerte oder Notwendige, das durch die Religion sein Fundament erhält oder wenigstens unterstützt wird, wird als Argument zugunsten des Glaubens an Gott präsentiert. Solche Gedankengänge können beeindruckend sein, bleiben aber auch unbefriedigend. Nicht zuletzt deshalb, weil ein Einwand allemal möglich bleibt – dass die Existenz Gottes zwar wünschenswert sein mag, aber dass es diesen Gott einfach nicht gibt. Uns bleibe nur, uns damit abzufinden – resignierend oder heroisch.

Nun kann man zwar die Behauptung, dass es Gott nicht gibt, mit guten Gründen infrage stellen und dagegen gewichtige Argumente vorbringen. Aber es bleibt noch ein anderer Gedanke bedenkenswert. Vielleicht kann Gott in seiner Göttlichkeit nur jenseits aller Brauchbarkeit, alles Wünschenswerten, also jenseits des Zweckdenkens angemessen gedacht werden. So hat es nicht zuletzt einer vertreten, der aufgrund seiner mystischen Erfahrung und seiner intellektuellen Fähigkeiten als glaubwürdig angesehen werden kann: Meister Eckhart († 1328). Kritisch stellt er mit einem anschaulichen Bild fest:

„Menschen wollen Gott mit den Augen ansehen, mit denen sie eine Kuh ansehen und wollen Gott lieben, wie sie eine Kuh lieben. Die liebst du wegen der Milch und des Käses und deines eigenen Nutzens. So halten's alle jene Leute, die Gott um äußeren Reichtums oder inneren Trostes willen lieben; die aber lieben Gott nicht recht, sondern sie lieben ihren Eigennutz. Ja ich sage bei der Wahrheit: Alles, worauf du dein Streben richtest, was nicht Gott in sich selbst ist, das kann niemals so gut sein, dass es dir nicht ein Hindernis für die höchste Wahrheit ist."[17]

Was Eckhart über die Liebe zu Gott sagt, das gilt ja schon für eine menschliche Beziehung. Die Frage, wozu jemand gut sein soll, mag in manchen Situationen sinnvoll, sie kann aber auch deplatziert sein. Sie macht einen Menschen zum Teil einer Berechnung, eines Kalküls. Sie bestimmt ihn von meinem Interesse aus. Der andere zählt nur, insofern er meinem Interesse entspricht. Wer der andere als anderer ist, kommt nicht in den Blick.

Eine Kosten-Nutzen-Perspektive wird auf jeden Fall problematisch, wenn sie bewusst oder unbewusst als einzig sinnvolle Sichtweise verstanden wird. Der Philosoph Konrad Paul Liessmann hat sie vor nicht langer Zeit in einer Zeitungskolumne im Blick auf die Kunst infrage gestellt: „Wer in Zeiten der Krise die Unterstützungswürdigkeit der Kunst unterstreichen möchte, sollte unverblümt einbekennen, dass es Menschen gibt, die etwas brauchen, das zu nichts zu gebrauchen ist. Darin liegt die Größe der Kunst: Sie dient keinem Zweck. Nur dadurch wird sie zu einem Modell der Freiheit, das uns auch dann einiges wert sein sollte, wenn wir andere Sorgen haben."[18]

Etwas brauchen, das zu nichts zu gebrauchen ist. Vielleicht kann bzw. muss man das auch in einem gewissen Sinn vom Glauben an Gott und von Gott selbst sagen. Und vielleicht macht das seine Größe, seine Bedeutung und seine Unfasslichkeit aus. Auch wenn es nicht verwerflich ist, über den Nutzen des Glaubens an Gott und seine positiven Konsequenzen nachzudenken, Gott bzw. unsere Vorstellungen von Gott dürfen nicht von unseren Kalkülen abhängig gemacht werden. So mag das Verständnis für einen Gedanken des Schriftstellers Andrei Sinjawski wachsen, der in seinen *Gedanken hinter Gittern* zur Zeit der kommunistischen Herrschaft unter anderem notiert hat:

„Glauben muß man nicht aus Tradition, nicht aus Todesfurcht, nicht auf jeden Fall, nicht deswegen, weil irgendjemand es befiehlt oder irgendetwas schreckt, nicht aus humanistischen Prinzipien, nicht, um erlöst zu werden und nicht aus Originalität. Glauben muß man aus dem einfachen Grund, weil Gott existiert."[19]

In dieser kurzen Notiz löst Sinjawski den Glauben an Gott entschieden aus verschiedenen denkbaren Zusammenhängen, die den Glauben verständlich und einladend machen können. An ihre Stelle setzt er eine apodiktische Behauptung: Gott existiert – das sei der einzige Grund für den Glauben an ihn. Mit dieser Pointe verlegt Sinjawski das ganze Gewicht des Nachdenkens über Gott auf die Frage, ob es ihn gibt. Und genau das – nicht mehr, freilich auch nicht weniger – ist das alles entscheidende Thema des philosophischen Nachdenkens über Gott.

An Gott glauben, weil er existiert. Dieser Standpunkt kann aber auch ein Hinweis auf etwas ganz anderes sein. Ja, das philosophische Nachdenken über Gott hat seinen Sinn. Und auch das Ernstnehmen aller möglichen Einwände, die gegen eine gläubige Überzeugung vorgebracht werden können. Auch die manchmal unanschaulichen philosophischen Argumente, die für Gott vorgebracht werden.

Aber wenn es um Gott geht, kann das philosophische Denken kein Monopol beanspruchen. Es kann auch – durch alles kritische Denken hindurch und über es hinaus – eine Gewissheit geben, die ihre eigenen Gründe hat und die man nicht als diskursunwilligen Fundamentalismus zurückweisen darf. Dass nicht nur der Verstand, sondern auch das Herz seine Gründe hat, daran hat bekanntlich schon Blaise Pascal erinnert.[20] Natürlich darf das, was das Herz sagt, nicht im Widerspruch stehen zu dem, was die Vernunft als gesicherte Erkenntnis vorlegt. Aber es kann darüber hinausgehen. Und es hat dort seinen Platz, wo die sogenannten letzten Fragen nur mit einer Entscheidung beantwortet werden können. Auch dafür können Gründe genannt werden. Aber für den Entschiedenen wird klar sein: Er glaubt, weil Gott – Gott ist. Auch daran vermag die kompromisslose Formulierung von Sinjawskij zu erinnern.

Und wo Menschen, angeleitet durch die religiöse Tradition, der sie sich verpflichtet wissen, ihren Blick auf eine reiche Geschichte spiritueller und mystischer Erfahrungen und ein jahrtausendelanges theologisches Nachdenken über Gott richten, werden sie das

Thema, dem dieses Buch gewidmet ist, überschreiten und daran erinnern, dass Gott auch mehr als der philosophisch Denkbare ist. *Deus semper maior.* Gott ist nicht nur größer als die Maßstäbe unseres Denkens, sondern auch überraschend und manchmal auch verstörend in seiner Freiheit. Aber er ist und bleibt eine Quelle der Zuversicht. Dafür steht nicht zuletzt ein Gebet des Philosophen und Bischofs Aurelius Augustinus. Er ist einen langen Weg des Fragens und des Zweifels, des Ausweichens und des Nachdenkens gegangen. Zum Glauben gekommen, hat er am Ende seines Werkes *Über die Dreifaltigkeit* ein Gebet formuliert, in dem er den gesuchten und gefundenen Gott anspricht:

„So viel ich vermochte, soviel Du mir zu vermögen gewährt hast –,
habe ich nach Dir gefragt, und ich habe danach verlangt,
mit der Vernunft zu schauen, was ich glaube,
und viel habe ich disputiert und mich abgemüht.
Herr, mein Gott,
Du, die eine Hoffnung, die ich habe, erhöre mich,
dass ich nicht müde werde, nach Dir zu fragen,
sondern allzeit brennend nach Deinem Antlitz suche..."[21]

Anmerkungen

Kleiner Durchblick durch den Inhalt des Buches

1. Fundamentalismus ist schon längst ein – nicht selten fundamentalistisch gebrauchter Kampfbegriff geworden. Wer seriöse Information sucht, dem sei z. B. empfohlen Kienzler: *Der neue Fundamentalismus* und Kienzler: *Der religiöse Fundamentalismus: Christentum, Judentum, Islam.*
2. Pascal hat seine außergewöhnliche religiöse Erfahrung auf einer kleinen Notiz, dem sog. *Memorial* festgehalten und dabei den Gott, der auf dem Weg der Philosophie, und den Gott, der durch Offenbarung erkannt werden kann, unterschieden. Der Text des Memorials findet sich z. B. bei Beguin: *Blaise Pascal,* 111.
3. Die Unterscheidung zwischen einer Erkenntnis Gottes, die sich allein auf die Vernunft stützt, und einer Erkenntnis aufgrund einer außergewöhnlichen Offenbarung Gottes ist nicht trennscharf. In beiden Fällen ist der Mensch ja mit seiner Vernunft gefordert, aber es spricht auch einiges dafür, in beiden Fällen Gott im Spiel zu sehen. Denn auch dort, wo es keine außergewöhnlichen Offenbarungsereignisse gibt, kann ein gläubiger Mensch Gott als den erkennen, der in seiner Schöpfung wirksam ist. Die Unterscheidung legt sich aber trotzdem nahe, wenn man von der Basis der Gottes-Erkenntnis ausgeht: In einem Fall ist es die ganze Schöpfung mit allen ihren Aspekten und Möglichkeiten, im anderen Fall die Geschichte eines Volkes mit unverwechselbaren Ereignissen.
4. Die hier vorgeschlagene Unterscheidung zwischen Glaube und Religion hat noch nichts mit der Unterscheidung zu tun, die sich bei den Theologen Karl Barth und Dietrich Bonhoeffer findet.
5. Bei Karl Jaspers bedeutet der Begriff ‚philosophischer Glaube' freilich etwas anders – vgl. dazu sein Werk *Der philosophische Glaube* (1954).
6. Wie leicht erkennbar, übernehme ich hier eine Unterscheidung, die in der Wissenschaftstheorie selbstverständlich ist – die Unterscheidung von context of invention (Auffindungszusammenhang) und context of justification (Rechtfertigungszusammenhang) – erste Information dazu bei Gethmann: „Entdeckungszusammenhang/Begründungszusammenhang", in: Mittelstraß/Blasche: *Enzyklopädie Philosophie und Wissenschaftstheorie,* 549–550.

I. WENN GOTT ZUR WIRKLICHKEIT WIRD

1. Zum Leben, Wirken und Schrifttum von Madeleine Delbrêl ist zurzeit die fundierteste Biographie: Francois/Pitaud: *Madeleine Delbrêl.*

2. Vgl. Boismarmin: *Madeleine Delbrêl*, 15.
3. Zit. Delbrêl: *Gott einen Ort sichern*, 25–26.
4. Zit. nach der Einleitung von Victor Conzemius in: Delbrêl: *Christ in einer marxistischen Stadt*, 30.
5. Zit. nach Francois/Pitaud: *Madeleine Delbrêl*, 137.
6. Delbrêl: *Frei für Gott*, 14.
7. Ibid.
8. Vgl. Flew: *Theology and Falsification*.
9. Vgl. Flew: *There is a God*, 148.
10. Vgl. ibid., 153–154.
11. Im Folgenden wird aus der Neuauflage des Buches im Jahr 2013 zitiert.
12. Frossard: *Gott existiert*, 14.
13. Ibid., 12.
14. Ibid.
15. Ibid., 138.
16. Ibid., 139.
17. Ibid.
18. Ibid.
19. Hillesum: *Das denkende Herz*, 149.
20. Ibid.
21. Ibid.
22. Ibid.
23. Das hat Klaas A. D. Smelik herausgearbeitet in einem Beitrag, der auch in italienischer Sprache veröffentlicht worden ist: *Il concetto di Dio in Etty Hillesum*.
24. Zur Einführung in Leben und Werk immer noch verlässlich Krogmann: *Simone Weil*. Die folgenden Zitate sind entnommen aus der Textsammlung: Weil, *Zeugnis für das Gute*.
25. Weil: *Zeugnis für das Gute*, 109–110.
26. Ibid., 110.
27. Ibid.
28. Ibid., 111.
29. Ibid.
30. Ibid.
31. Ibid., 104.
32. Ibid., 106.
33. Ibid., 112.
34. Ibid., 116.
35. Ibid., 119.
36. Tetens: *Gott denken*, 7.
37. Ibid., 51.
38. Ibid.
39. Ibid., 59.
40. Ibid., 64.
41. Ibid., 79.
42. Ibid., 64.

43. Ibid., 90.
44. Der genannte Aufsatz findet sich in: Rahner: *Gegenwart des Christentums*, das Zitat: 35.
45. Diese Ausführungen finden sich in: Rahner: Gnade als Freiheit; zit. nach: Lehmann/Raffelt: *Karl-Rahner-Lesebuch*, 142.
46. Ibid.
47. Rahner: „Erfahrungen eines katholischen Theologen", in: Raffelt: *Karl Rahner in Erinnerung*, 148.

II. GOTT IN KRITIK UND DISKUSSION

1. Nietzsche: *Die fröhliche Wissenschaft*, §125. Die zitierten Texte aus den Schriften von Nietzsche wurden an einigen wenigen Stellen an die heutige Rechtschreibung angepasst.
2. Dazu kann auch auf das anspruchsvolle Werk von Angelberger/Weingartner: *Neuer Atheismus wissenschaftlich betrachtet* verwiesen werden, das die Argumente von Richard Dawkins und anderen Vertretern des sog. ‚neuen Atheismus' (C. Hitchens, S. Harris, D. Dennet) wissenschaftshistorisch einordnet, wissenschaftstheoretisch untersucht und kritisiert. Dazu ist im genannten Werk von Angelberger/Weinberger, 1–19, instruktiv der Beitrag von Armin Kreiner: „Was ist neu am ‚Neuen Atheismus'?"
3. Hawking: *Kurze Antworten auf große Fragen*, 53.
4. Ibid., 61.
5. Ibid., 62.
6. Ibid.
7. Ibid., 63.
8. Wilson: *Biologie als Schicksal*, 181 – die deutsche Übersetzung des englischen Originals.
9. Ibid.
10. Ibid.
11. Tetens: *Gott denken*, 53.
12. Vgl. ibid.
13. Zum ganzen Themenbereich Evolution und christlicher Glaube kann vor allem auf das kenntnisreiche und unpolemische Buch von Hans Kessler hingewiesen werden: *Evolution und Schöpfung in neuer Sicht*. Ebenso ist die fundierte Darstellung von Wolfgang Achtner: *Evolutionstheorie und Atheismus* in Anglberger/Weingartner: *Neuer Atheismus*, 71–100 zu nennen.
14. Kessler: *Evolution und Schöpfung*, 154.
15. Ibid., 167.
16. Ibid., 170.
17. Ibid., 187.
18. Dass die Unmöglichkeit einer Falsifikation als Argument gegen den Glauben an Gott verstanden werden kann, findet sich klassisch formuliert in der Parabel vom unsichtbaren Gärtner, die Antony Flew in seinem Aufsatz „Theology und falsification" präsentiert hat.
19. Wittgenstein: *Tractatus*, 6.52.

20. Ibid., 7.
21. Auch zum Thema Wittgenstein und die religiöse Sprache gibt es zahllose Veröffentlichungen. Vor allem kann auf Klaus von Stosch an der Universität Paderborn verwiesen werden. So z. B. auf „Gründe des Glaubens. Hat die Frage nach Gott auf dem Weg zum Spätwerk noch einen Ort in Wittgensteins Denken?" mit zahlreichen Verweisen auf einschlägige Beiträge zum Thema – Microsoft Word – Big Typescript (uni-paderborn.de) [abgerufen am 2.12.2020].
22. Vgl. zum Thema der Sprache in diesem Buch Abschnitt VII.
23. Freud: *Die Zukunft einer Illusion*, 164.
24. Nietzsche: *Nachgelassene Fragmente*, 15 (19).
25. Nietzsche: *Der Antichrist*, 62.
26. Ibid.
27. Ibid.
28. Nietzsche: *Ecce homo*, §1.
29. Nietzsche: *Die fröhliche Wissenschaft*, Nr. 125.
30. Ibid., 343.
31. Damit ist die Theorie von der sogenannten analogen Redeweise angedeutet – vgl. dazu den Abschnitt VII in diesem Buch.
32. Meuser: *Christ sein für Einsteiger*, 167.
33. Vgl. Angenendt: *Toleranz und Gewalt*.
34. So Sebastian Fetscher in seinem Beitrag in Seeliger: *Kriminalisierung des Christentums?*, 36–37.
35. Deschner: *Kriminalgeschichte*, 261.
36. Die verschiedenen Autoren in dem Sammelband *Kriminalisierung des Christentums?* bieten dafür in kritischer Auseinandersetzung mit Karlheinz Deschner einschlägige Belege.
37. Hier muss noch einmal auf das Buch von Arnold Angenendt, *Toleranz und Gewalt* verwiesen werden, das sich zwar den Vorwürfen gegenüber der Kirchen- und Glaubensgeschichte zuwendet, aber auch auf die positiven Seiten hinweist – vgl. vor allem ibid., 577–592. Nicht zuletzt: Vieles, was in der Aufklärung zum Durchbruch gekommen ist, hat sich aus einem vom Christentum geprägten Mutterboden ergeben. Freilich: Oft konnte es sich nicht in der Kirche, sondern musste es sich gegen sie durchsetzen.
38. Schnädelbach: *Der Fluch des Christentums*.
39. Vgl. das Vorwort bei Angenendt: *Toleranz und Gewalt*, 5.
40. So heißt es in der Konstitution des Zweiten Vatikanischen Konzils über die Offenbarung *Dei Verbum*, Nr. 11: „Zur Abfassung der Heiligen Bücher hat Gott Menschen erwählt, die ihm durch den Gebrauch ihrer eigenen Fähigkeiten und Kräfte dazu dienen sollten, all das und nur das, was er – in ihnen und durch sie wirksam – geschrieben haben wollte, als echte Verfasser schriftlich zu überliefern. Da also alles, was die inspirierten Verfasser oder Hagiographen aussagen, als vom Heiligen Geist ausgesagt zu gelten hat..." Dieser Text beantwortet nicht alle Fragen, aber er legt Fundament und die Koordinaten für weitere Antwort-Schritte vor.

41. Die Geschichte der Theologie bietet über weite Strecken eine Illustration für das Ringen um Antworten auf diese Frage. Die Grundlagen für eine angemessene Interpretation der Texte wurden in der Neuzeit in der Theologischen Erkenntnislehre zusammengefasst.

III. WIE GOTT AUS DEM BLICK GERATEN KANN

1. Meister Eckhart: Deutsche Predigten und Traktate, hg. v. J. Quint. München 1978, 226–227.
2. Tetens: Gott denken, 94.
3. Vgl. Kant: Was ist Aufklärung?
4. Guardini: Theologische Briefe, 59–61.
5. Dieser Ausspruch Luthers ist allerdings, so oft er auch zitiert wird, streng historisch nicht belegbar.
6. Klaus Müller hat sich mit den modernen Medien und der Virtualität vor allem in seinem Werk *Endlich unsterblich: zwischen Körperkult und Cyberworld* auseinandergesetzt. Der folgenden Ausführungen liegt ein Beitrag im Internet zugrunde: „Verdoppelte Realität – virtuelle Wahrheit?"

IV. Gott ALS VERNÜNFTIGE ÜBERZEUGUNG

1. Diese beiden Wege und ihre nicht einfache Unterscheidung wurden bereits im Durchblick nach dem Inhaltsverzeichnis skizziert.
2. In aller Ausführlichkeit hat den Zusammenhang dargelegt Gerhardt: *Glauben und Wissen*.
3. Eine gute Illustration bietet das Buch des Theologen Walter Kasper *Der Gott Jesu Christi*. Wie schon der Titel verrät, stützt es sich auf den Glauben, es ist also ein theologisches Buch. Aber unter der Überschrift „Gotteserfahrung und Gotteserkenntnis" kommt Kasper auch ausführlich auf die allein auf die Vernunft gestützte Erkenntnis und Rede von Gott zu sprechen. Diese Weise der Erkenntnis nennt er „natürliche Theologie" und weist ihr die Aufgabe zu, die „Vernünftigkeit des in sich und aus sich selbst begründeten Glaubens zu erweisen." (99) Und das sei – so der Autor – angesichts von Religionskritik, Atheismus und Säkularisierung unumgänglich notwendig.
4. An dieser Stelle sei nur an die Stellungnahme des Thomas von Aquin in seiner *Summa contra Gentiles* (I, 7–8) erinnert. Dazu kann auf Otto Hermann Pesch verwiesen werden und sein Buch *Thomas von Aquin. Größe und Grenze mittelalterlicher Theologie*. Mainz 1988, 108–132, bes. 129–130.
5. Delbrêl: *Wir Nachbarn der Kommunisten*, 233; zit. nach Schleinzer: *Madeleine Delbrêl*, 34.
6. Vgl. Ratzinger: *Einführung in das Christentum*, 45–46.
7. Ibid., 46.
8. Ibid., 46–47.
9. Ibid., 47.

10. Immanuel Kant: *Kritik der reinen Vernunft*, II. Transzendentale Methodenlehre.
11. Vgl. dazu, was oben im 2. Abschnitt zum Versuch von Stephen Hawking gesagt worden ist. Das Thema wird auch bei der Diskussion der Gottesbeweise noch einmal aufgegriffen.
12. Kolakowski: *Falls es keinen Gott gibt*, 88.
13. Ibid.
14. Siehe die kurze Darstellung der Entwicklung im Denken von Antony Flew im 1. Abschnitt.
15. Vgl. Tetens: *Gott denken*, 22.
16. Ibid., 51.
17. Ibid.
18. Zur Diskussion um den Panentheismus vgl. z.B. Wendel/Schärtl: *Gott – Selbst – Bewusstsein*, Teil III. Dabei wird immer vorausgesetzt, dass der Panentheismus nicht mit dem Pantheismus verwechselt werden darf, der eine strenge Identität von Gott und Welt annimmt.
19. So in seiner *Summa theologiae* I. q.2 a.2–3, wo Thomas die fünf Wege (quinque viae) behandelt, auf denen er sich der Vernünftigkeit des Glaubens an Gott vergewissert.
20. Dieses Argument findet sich in zahlreichen religionskritischen Schriften.
21. Weingartner: „Regressus ad infinitum und Zufall als Kritikpunkte an Gottesbeweisen und am Schöpfungsgedanken", in Anglberger/Weingartner: *Neuer Atheismus*, 199–222, hier: 204.
22. Müller: *Gott erkennen*, 24.
23. Vgl. Kessler: *Evolution und Schöpfung*, 154–163.
24. Tetens: *Gott denken*, 53.
25. Kessler: *Evolution und Schöpfung*, 156.
26. Ibid., 168.
27. Ibid., 167.
28. Ibid., 104.
29. Ibid.
30. Ibid. Und die Frage scheint berechtigt, ob die Multiversen-Theorie an der Frage, wie der Glaube an Gott mit der Evolutionstheorie verbunden werden kann, überhaupt etwas ändert. Wird hier nicht alles einfach in einen weiteren Zusammenhang verschoben? – Vgl. dazu Kessler, *Evolution und Schöpfung*, 104–105.
31. Tetens: *Gott denken*, 53.
32. Ibid. Vermutlich ist ‚erklären' in diesem Zitat in einem weiteren Sinn zu verstehen – nicht als Erklärung mit Hilfe einer Hypothese bzw. Theorie wie es in den Naturwissenschaften üblich ist.
33. Diese Tagebuch-Notiz findet sich bei Maaß: *Warum tut ihr das?*, 168–169. Gefunden habe ich diesen Text durch einen Hinweis bei Müller: *Dem Glauben nachdenken*, 51.
34. Kolakowski: *Falls es keinen Gott gibt*, 47.
35. Vgl. ibid.

36. Darauf hat nicht zuletzt Holm Tetens, *Gott denken*, 64 bzw. 79 hingewiesen. Man könnte natürlich einwenden, dass ein atheistischer Standpunkt ja keinen Trost verspricht. Aber wenn es um die Frage geht, ob Gott des Denkens und der Rede wert ist, dann sollte dieser Unterschied nicht außer Acht bleiben.
37. Pröpper: *Allmacht*, 417.
38. De Lubac: *Auf den Wegen Gottes*, 143.

V. DER GOTT DES CHRISTLICHEN GLAUBENS

1. Das hat mit der Überzeugung zu tun, dass Glaube und Vernunft sich nicht widersprechen – diese Auffassung ist im vorangegangenen Abschnitt Thema gewesen.
2. An dieser Stelle muss freilich ein hartnäckiges Missverständnis ausgeräumt werden. Ausgehend von einigen Stellen des Neuen Testamentes und der sog. Satisfaktionslehre des Anselm von Canterbury († 1109) hat sich die Vorstellung herausgebildet und verfestigt, dass sich Gott nur durch den blutigen Opfertod seines Sohnes mit der sündigen Welt versöhnen ließ – was natürlich einen dunklen Schatten auf Gott wirft, der so als grausamer Moloch erscheint. Das ist eine Interpretation des Kreuzestodes Jesu, die unter bestimmten religiösen Voraussetzungen offensichtlich zustimmungsfähig gewesen ist. Sie ist allerdings nicht unumgänglich und entspricht nicht der grundlegenden biblischen Aussage von einem Gott, der die Liebe ist. Entscheidend ist, den Kreuzestod Jesu nicht als ein blutiges Opfer zu sehen, das Gott fordert, sondern als letzte Konsequenz einer Liebe, die Gott in Jesus auf sich nimmt. – Vgl. dazu z. B. die klassischen Ausführungen in Ratzinger: *Einführung in das Christentum*, 230–242.
3. Es scheint nicht unbegründet, wenn man an dieser Stelle die in der Wissenschaftstheorie bekannte Unterscheidung und das Zusammenspiel von Entdeckungs- und Rechtfertigungszusammenhang ins Spiel bringt. Entscheidend für die Geltung einer Aussage ist nicht die Art und Weise, wie sie entdeckt wurde, sondern wie sie begründet werden kann. Vgl. dazu als einen ersten Hinweis Gethmann, Entdeckungszusammenhang/Begründungszusammenhang. Gethmann führt die Unterscheidung auf Hans Reichenbach zurück.
4. Das streicht das Johannes-Evangelium vor allem in den sog. Abschiedsreden bzw. im sog. Hohepriesterlichen Gebet heraus. Vgl. z. B. Joh 14,9–11: „Jesus sagte zu ihnen: Schon so lange bin ich bei euch und du hast mich nicht erkannt, Philippus? Wer mich gesehen hat, hat den Vater gesehen. Wie kannst du sagen: Zeig uns den Vater? Glaubst du nicht, dass ich im Vater bin und dass der Vater in mir ist? Die Worte, die ich zu euch sage, habe ich nicht aus mir selbst. Der Vater, der in mir bleibt, vollbringt seine Werke. Glaubt mir doch, dass ich im Vater bin und dass der Vater in mir ist…" Vgl. auch schon Joh 10,30.

5. Dementsprechend heißt es in der Offenbarungskonstitution des Zweiten Vatikanischen Konzils, Nr. 2, dass Jesus „der Mittler und die Fülle der ganzen Offenbarung" ist.
6. Zweites Vatikanisches Konzil: Offenbarungs-Konstitution, Nr. 2.
7. Papst Benedikt XVI.: *Deus caritas est*, Nr. 1.
8. Ibid., Nr. 38.
9. Papst Franziskus: *Laudato si*, Nr. 238.
10. Augustinus: *De Trinitate* 8,12.
11. Jüngel: *Gott als Geheimnis*, 470–471.
12. Hier ist vor allem Klaus Müller zu nennen – zum Einstieg vgl. seinen Beitrag *Paradigmenwechsel zum Panentheismus?*
13. Tagebuchnotiz vom 17. November 1944.
14. Bedeutsam ist die Auslegung im Genesis-Kommentar von Martin Luther und ihre Wirkungsgeschichte im Protestantismus.
15. Die heutige Wiedergabe des Textes orientiert sich am hebräischen Urtext und unterscheidet sich von der jahrhundertelangen Übersetzung ‚Ich bin der ich bin', die eng mit dem philosophischen Gottesbegriff verknüpft gewesen ist.
16. Vgl. Mt 1,23.
17. Hier kann z. B. auf jene Formen der sog. Befreiungstheologie hingewiesen werden, die angesichts weltweiter Benachteiligung und Abhängigkeit den christlichen Einsatz für Gerechtigkeit besonders einmahnen.
18. Zu erinnern ist hier vor allem an die Brautmystik, die im Alten Testament besonders im Hohelied ihren Anknüpfungspunkt gefunden hat. Genannt werden können in einem ersten Hinblick: Origenes, Bernhard von Clairvaux, Mechthild von Magdeburg, Johannes vom Kreuz u. a.
19. Als ein Beispiel für diese Sichtweise kann Klaus Hemmerle genannt werden. In einem Band mit Schriften zur Spiritualität unter dem Titel *Wie Glauben im Leben geht* kommentiert er einen Text von Chiara Lubich und schreibt: „Wenn sich Gott finden lässt in dem, der in der Verlassenheit schreit: ‚Gott, mein Gott, warum hast du mich verlassen?', so ist es nur konsequent, daß ich diesem Gott gerade dort begegne, wo er mir abwesend zu sein scheint. Er hat sich zur Abwesenheit seiner selbst gemacht, er hat seine Abwesenheit zu sich selbst gemacht. Überall ihn erkennen…" (239). Und dem entsprechend nennt er den gekreuzigten und verlassenen Jesus „Sakrament säkularer Gottbegegnung" (229).
20. Diese Offenheit für Gott und seine Offenbarung hat Karl Rahner in seinem Werk *Hörer des Wortes* (1941) innerhalb der Koordinaten seiner Transzendental-Theologie zum Thema gemacht. Und Walter Kasper sprich in seinem Werk *Der Gott Jesu Christi* davon, dass die philosophische Erkenntnis Gottes den Menschen „nach Zeichen" suchen lässt, „in denen sich ihm das absolute Geheimnis einer unbedingten Freiheit zuspricht und mitteilt" (150).
21. Siehe oben Abschnitt IV.

VI. WENN GOTT ZUR GELEBTEN RELIGION WIRD

1. Beguin, *Blaise Pascal*, 111.
2. Delbrêl, *Frei für Gott*, 14.
3. Vgl. *Die Regel des Heiligen Benedikt* 58,7.
4. Vgl. de Lubac, *Auf den Wegen Gottes*, 100.
5. Ibid., 143.
6. Das hat Joseph Ratzinger in seiner *Einführung in das Christentum*, 22–23 unterstrichen.
7. *Im Herzen der Städte*, Lebensformen der monastischen Gemeinschaften von Jerusalem, Freiburg, Herder Verlag, 28 zit. einen Text des spanischen Mystikers Johannes Johannes vom Kreuz († 1591).
8. Hier kann an die heftige Diskussion um die sogenannte Befreiungstheologie erinnert werden, die sich ausgehend von Lateinamerika den Kampf gegen Unterdrückung und Ausbeutung der Armen zu eigen gemacht hat.
9. Vgl. dazu: *Frieden in Gerechtigkeit. Die offiziellen Dokumente der Europäischen Ökumenischen Versammlung 1989 in Basel.*
10. Vgl. dazu Riccardi, *Alles kann sich ändern*. Riccardi war zusammen mit der Gemeinschaft Sant'Egidio eingebunden in die Durchführung der Friedenstreffen in Assisi und anderen Städten.
11. Phil 2,6–8.
12. Diese Vorstellungen finden sich immer wieder in Ausführungen zur Theologie der Religionen und werden auch in der Erklärung des Zweiten Vatikanischen Konzils über das Verhältnis der Kirche zu den nichtchristlichen Religionen *Nostra aetate*, Nr. 2 aufgegriffen.
13. Das war z. B. das Anliegen des presbyterianischen Theologen und Religionsphilosophen John Hick († 2012).
14. Hier kann als Beispiel der katholische Theologe Hans Küng mit seinem Projekt Weltethos genannt werden.
15. Dekret über die Missionstätigkeit der Kirche *Ad gentes*, Nr. 11.

VII. ÜBER GOTT SPRECHEN – UND SCHWEIGEN

1. Zu dieser nicht ganz einfachen Unterscheidung vgl. die Erläuterungen am Beginn dieses Buches im Kleinen Durchblick, besonders Fußnote 3.
2. Vgl. 1 Kor 1,18–24.
3. Ein erster und sehr fundierter Einblick in die mittelalterliche Geisteswelt findet sich bei Chenu: *Das Werk des heiligen Thomas von Aquin*; zu den Dialektikern bzw. Antidialektikern vgl. ibid., 59–68.
4. Vgl. Walter, *Die Frage der Glaubensbegründung aus innerer Erfahrung auf dem I. Vatikanum*.
5. Habermas/Ratzinger: *Dialektik der Säkularisierung. Über Vernunft und Religion*, 56.
6. Ibid.
7. So z. B. in seiner *Summa theologiae* I.q.4.a.2.
8. Walser: *Über Rechtfertigung*, 33.

9. Zit. nach Delbrêl: *Gott einen Ort sichern*, 25–26.
10. Wittgenstein: *Tractatus logico-philosophicus*, Nr. 7.
11. Hier ist an erster Stelle zu nennen Baum: *Wittgenstein im Ersten Weltkrieg. Die ‚Geheimen Tagebücher'.*
12. Dokumentiert in Denzinger: *Kompendium der Glaubensbekenntnisse und kirchlichen Lehrentscheidungen*, Nr. 806.
13. Vgl. Pesch: *Katholische Dogmatik* I/2, 525–526.
14. Ibid., 525.
15. Ibid.
16. Vgl. Kurz: *Höre Gott! Psalmen des Jahrhunderts*, 265.
17. Ibid.
18. De Lubac: *Auf den Wegen Gottes*, 108.
19. Ibid., 112.
20. Ibid., 109.
21. Ibid.
22. Das Ereignis wird in allen einschlägigen Werken erwähnt, so z. B. bei Weisheipl: *Thomas von Aquin*, 293–294.
23. Schürmann: *Die Mitte des Lebens finden*, 85–127; hier: 123.
24. Ibid.
25. Ibid., 124.
26. Ibid.
27. Hier ist vor allem Rahners bekannter Aufsatz „Über den Begriff des Geheimnisses in der katholischen Theologie" zu nennen. Was Rahner in diesem Beitrag grundlegt, hat er in immer neuen Anläufen zur Sprache gebracht. Das zeigen nicht zuletzt die ausgewählten Texte in Lehmann/Raffelt: *Karl Rahner Lesebuch*, 124–180.
28. De Lubac, *Auf den Wegen Gottes,* 100.
29. Man kann z. B. an die Entwicklung des Person-Begriffs im Zusammenhang mit der Trinitätslehre denken, aber auch an Einsichten und Entwicklungen in der spätmittelalterlichen Theologie, die im 20. Jahrhundert das Interesse der Sprachphilosophie und der Logik gefunden haben.
30. Mt 7,21.
31. Dieser Begriff ist entnommen seinem letzten Beitrag für ein Symposion zu seinem 80. Geburtstag in seiner Heimatstadt Freiburg wenige Wochen vor seinem Tod: „Erfahrungen eines katholischen Theologen", in Raffelt: *Karl Rahner in Erinnerung,* 134–148, hier: 136.

VIII. ZUM ABSCHLUSS: GOTT ERNSTHAFT GEDACHT

1. Roß: *Die Verteidigung des Menschen. Warum Gott gebraucht wird,* 210.
2. Ibid.
3. Ibid., 210–211.
4. Ibid, 211.
5. Tetens: *Gott denken,* 77.
6. Ibid.
7. Ibid.

8. Roß, *Die Verteidigung des Menschen*, 38.
9. Ibid., 38-39.
10. Habermas: „Säkularisierung in der postsäkularen Gesellschaft", in Kemper/Mentzer/Sonnenschein: *Wozu Gott?* 137-147, hier: 146.
11. Ibid., 143.
12. Ibid. 146.
13. Roß, *Die Verteidigung des Menschen*, 144.
14. Ibid.
15. Karl Heinz Bohrer und Kurt Scheel in der Einleitung zum Heft „Nach Gott fragen" der Zeitschrift *Merkur* (1999).
16. Walser: *Über Rechtfertigung*, 33.
17. Meister Eckhart: Deutsche Predigten, 226-227. Ein Dichter und Mystiker unserer Tage schreibt in der Spur Meister Eckharts: „Gott haben. Nötighaben für jetzt und später, in Reserve haben zur Verteidigung von ... Ihn liebhaben, wie man Kinder meistens liebhat: um geliebt, unentbehrlich zu werden ... Das ist menschlich. Religion. Ihn ohne Nebengedanken grüßen, ihn umsonst Gott nennen, ohne Grund, weil er nichts ‚ist', Gott ist; nichts von ihm verlangen, keine Einsicht, kein Gefühl, kein ‚Ich' (‚keinen Lohn, keine Ehre, keine Heiligkeit, keinen Himmel', sagt Eckhart) – das ist Beten. Das ist es, was Freundschaft tut." So Huub Oosterhuis: *Weiter sehen als wir sind*. Wien/Freiburg/Basel 1973, 24.
18. In der *Kleinen Zeitung* (Graz) vom 20. Mai 2020, 7.
19. *Gedanken hinter Gittern*, 71. – Andrei Sinjawski hat seine Werke auch unter dem Autorennamen Abram Terz veröffentlicht.
20. Pascal trifft diese Unterscheidung in seinen *Pensees*, Nr. 477, zit. nach Beguin: *Blaise Pascal*, 144-146. Mithilfe des Herzens, und nicht mit der schlussfolgernden Vernunft werden die Grundprinzipien erkannt, die unserer Vernunft-Erkenntnis zugrunde liegen. Und nur mit dem Herzen werde Gott erkannt, und „deshalb sind die, denen Gott den Glauben durch ein Empfinden des Herzens gegeben hat, sehr glücklich und rechtmäßig überzeugt." (Nr. 479)
21. Dieses Gebet wird hier nicht vollständig wiedergegeben.

Zitierte und verwendete Werke

Die folgende Aufzählung umfasst jene Werke, auf die in diesem Buch ausdrücklich Bezug genommen wurde. Sie sind nach den Autoren alphabetisch geordnet – unabhängig davon, ob es sich um geistliche Schriften, persönliche Bekenntnisse, Dokumente oder philosophische bzw. theologische Werke handelt.

Achtner, Wolfgang: „Evolutionstheorie und Atheismus." In: Anglberger/ Weingartner: *Neuer Atheismus*, 71–100.

Albert J. J. Anglberger/Paul Weingartner (Hg.): *Neuer Atheismus wissenschaftlich betrachtet.* Frankfurt/Heusenstamm: Ontos 2010.

Angenendt, Arnold: *Toleranz und Gewalt. Das Christentum zwischen Bibel und Schwert.* Münster: Aschendorff ²2007.

Baum, Wilhelm: *Wittgenstein im Ersten Weltkrieg. Die ‚Geheimen Tagebücher' und die Erfahrungen an der Front (1914–1918).* Klagenfurt/ Wien: Kitab 2014.

Beguin, Albert: *Blaise Pascal in Selbstzeugnissen und Bilddokumenten.* Reinbek: Rowohlt 1965.

Benedikt XVI., Enzyklika *Deus caritas est* (2005).

Boismarmin, Christine de: *Madeleine Delbrêl.* München: Neue Stadt Verlag 1986.

Delbrêl, Madeleine: *Christ in einer marxistischen Stadt.* Frankfurt/ Main: Knecht 1974.

Delbrêl, Madeleine: *Wir Nachbarn der Kommunisten.* Einsiedeln: Johannes 1975.

Delbrêl, Madeleine: *Frei für Gott.* Einsiedeln: Johannes 1976.

Delbrêl, Madeleine: *Gott einen Ort sichern. Texte, Gedichte, Gebete*, hg. v. Annette Schleinzer. Ostfildern: Schwabenverlag 2002.

Denzinger, Heinrich: *Kompendium der Glaubensbekenntnisse und kirchlichen Lehrentscheidungen.* 37.Auflage hg. v. Peter Hünermann. Freiburg: Herder 1991.

Deschner, Karlheinz: *Kriminalgeschichte des Christentums.* Bd. I. Reinbek: Rowohlt 1989.

Flew, Antony: „Theology and Falsification", in: Antony Flew/Alasdair MacIntyre (Ed.), *Essays in Philosophical Theology.* London 1955.

Flew, Antony: *There is a God.* New York 2007.

Francois, Gilles/Pitaud, Bernard: *Madeleine Delbrêl. Die Biografie.* München/Zürich/Wien: Neue Stadt Verlag 2019.

Franziskus, Enzyklika *Laudato si* (2015).

Freud, Siegmund: *Die Zukunft einer Illusion,* Studienausgabe hg. v. Alexander Mitscherlich/Angela Richards/James Strachey, Bd. IX. Frankfurt: Fischer 1974.

Frossard, André: *Gott existiert. Ich bin ihm begegnet.* Augsburg: Weltbildverlag 2013.

Gerhardt, Volker: *Glauben und Wissen. Ein notwendiger Zusammenhang.* Reclams Universal-Bibliothek Nr. 19405. Stuttgart 2016.

Gethmann, Carl Friedrich, Art. „Entdeckungszusammenhang/Begründungszusammenhang." In: Jürgen Mittelstraß, Siegfried Blasche (Hg.), *Enzyklopädie Philosophie und Wissenschaftstheorie,* Bd. 1. Stuttgart: Metzler 1980: 549–550.

Guardini, Romano: *Theologische Briefe an einen Freund.* Paderborn: Schöningh [4]1985.

Habermas, Jürgen/Ratzinger, Joseph: *Dialektik der Säkularisierung. Über Vernunft und Religion.* Freiburg: Herder 2005.

Habermas, Jürgen: „Säkularisierung in der postsäkularen Gesellschaft", in: Peter Kemper, Alf Mentzer, Ulrich Sonnenschein (Hg.): *Wozu Gott? Religion zwischen Fundamentalismus und Fortschritt.* Frankfurt/Leipzig: Verlag der Weltreligionen 2009, 137–147, hier: 146.

Hawking, Stephen: *Kurze Antworten auf große Fragen.* Stuttgart: Klett 2018.

Hillesum, Etty: *Das denkende Herz. Die Tagebücher von Etty Hillesum 1941–1943.* Hg. u. eingel. v. J. G. Gaarlandt. Reinbek [24]2013.

Jüngel, Eberhard: *Gott als Geheimnis der Welt. Zur Begründung der Theologie des Gekreuzigten im Streit zwischen Theismus und Atheismus.* Tübingen: Mohr Siebeck [8]2010.

Kant, Immanuel: Beantwortung der Frage: Was ist Aufklärung? In: Berliner Monatsschrift 1784, Heft 10, 481–494.

Kasper, Walter: *Der Gott Jesu Christi.* Mainz: Grünewald 1982.

Kessler, Hans: *Evolution und Schöpfung in neuer Sicht.* Kevelaer: Butzon & Bercker 2009.

Kienzler, Klaus: *Der neue Fundamentalismus.* Düsseldorf: Patmos 1990.

Kienzler, Klaus: *Der religiöse Fundamentalismus: Christentum, Judentum, Islam.* München: Beck 2007.

Kolakowski, Leszek: *Falls es keinen Gott gibt.* München: Piper 1982.

Konferenz Europäischer Kirchen (Hg.): *Frieden in Gerechtigkeit. Die offiziellen Dokumente der Europäischen Ökumenischen Versammlung 1989 in Basel.* Basel: Benziger 1989.

Krogmann, Angelica: *Simone Weil.* Reinbeck: Rowohlt 1970.

Kurz, Paul Konrad (Hg.): *Höre Gott! Psalmen des Jahrhunderts.* Zürich/Düsseldorf: Benziger ²1998.

Lehmann, Karl/Raffelt, Albert (Hg.): *Karl Rahner-Lesebuch.* Freiburg: Herder 2004.

Lubac, Henri de: *Auf den Wegen Gottes.* Einsiedeln: Johannes-Verlag 1992.

Maaß, Winfried: *Warum tut ihr das? Die Geschichte der Dienerinnen der Armen.* Oelde: Holterdorf 1994.

Monastische Gemeinschaften von Jerusalem: *Im Herzen der Städte. Lebensbuch der monastischen Gemeinschaften von Jerusalem.* Freiburg: Herder 2000.

Müller, Klaus: *Gott erkennen.* Topos plus Taschenbuch 405, Regensburg: Pustet 2001.

Müller, Klaus: *Dem Glauben nachdenken.* Münster: Butzon & Bercker 2009.

Müller, Klaus: *Endlich unsterblich: zwischen Körperkult und Cyberworld.* Kevelaer: Butzon & Bercker 2011.

Müller, Klaus: „*Paradigmenwechsel zum Panentheismus? An den Grenzen des traditionellen Gottesbilds.*" In: Streitfall Gott. Herder Korrespondenz Spezial 2/2011, 33–38.

Müller, Klaus: *Verdoppelte Realität – virtuelle Wahrheit? Philosophische Erwägungen zu den «Neuen Medien»* in: https://www.uni-muenster.de/ZIV/inforum/1998-2/a06.html [zit. 20.8.2020].

Meister Eckhart, *Deutsche Predigten und Traktate,* hg. v. J. Quint. München: Hanser ⁵1978.

Merkur. Deutsche Zeitschrift für europäisches Denken, hg. v. Karl Heinz Bohrer, Kurt Scheel.

Meuser, Bernhard: *Christ sein für Einsteiger.* München: Pattloch 2007.

Nietzsche, Friedrich: *Die fröhliche Wissenschaft,* Nr. 125. In: Nietzsche, Friedrich: *Werke. Kritische Gesamtausgabe,* hg. v. Giorgio Colli, Mazzino Montinari. Berlin/New York: de Gruyter 1967ff.

Nietzsche, Friedrich: *Nachgelassene Fragmente*, 15 (19). In: Nietzsche, Friedrich: *Werke. Kritische Gesamtausgabe*, hg. v. Giorgio Colli, Mazzino Montinari. Berlin/New York: de Gruyter 1967ff.

Nietzsche, Friedrich: *Der Antichrist*. In: Nietzsche, Friedrich: *Werke. Kritische Gesamtausgabe*, hg. v. Giorgio Colli, Mazzino Montinari. Berlin/New York: de Gruyter 1967ff.

Nietzsche, Friedrich: *Ecce homo*. In: Nietzsche, Friedrich: *Werke. Kritische Gesamtausgabe*, hg. v. Giorgio Colli, Mazzino Montinari. Berlin/New York: de Gruyter 1967ff.

Pesch, Otto Hermann: *Katholische Dogmatik aus ökumenischer Erfahrung*, Band I/2. Ostfildern: Grünewald 2008.

Pröpper, Thomas: „Allmacht". In: LThK³ Bd. I, 417.

Raffelt, Albert (Hg.): *Karl Rahner in Erinnerung*, Düsseldorf: Patmos 1994.

Rahner, Karl: „Über den Begriff des Geheimnisses in der katholischen Theologie", in: *Schriften zur Theologie*, Bd. IV. Einsiedeln/Zürich/Köln: Benziger 1960, 51–99.

Rahner, Karl: *Gegenwart des Christentums*. Herder Bücherei 161. Freiburg: Herder 1966.

Rahner, Karl: „Erfahrungen eines katholischen Theologen." In: Albert Raffelt (Hg.): *Karl Rahner in Erinnerung*, 134–148.

Ratzinger, Joseph: *Einführung in das Christentum*. München: Kösel ⁹1967.

Riccardi, Andrea: *Alles kann sich ändern*. Gespräche mit Massimo Naro. Würzburg: Echter 2018.

Roß, Jan: *Die Verteidigung des Menschen. Warum Gott gebraucht wird*. Berlin: Rowohlt 2012.

Schleinzer, Annette: *Madeleine Delbrêl. Propheten einer Kirche im Aufbruch*. München: Neue Stadt Verlag 2017.

Schnädelbach, Herbert: „Der Fluch des Christentums." In: *Die Zeit* (Nr. 20/2000).

Schürmann, Heinz: *Die Mitte des Lebens finden*. Freiburg: Herder 1979.

Seeliger, Hans Reinhard: *Kriminalisierung des Christentums?* Freiburg: Herder 1993.

Sinjawski, Andrej: *Gedanken hinter Gittern*. Wien: Zsolnay 1968.

Smelik, Klaas A. D.: *Il concetto di Dio in Etty Hillesum*. Sant'Oreste: Apeiron 2014.

Tetens, Holm: *Gott denken, Ein Versuch über rationale Theologie.* Reclams Universal-Bibliothek Nr. 19295. Stuttgart ⁴2015.

Walser, Martin: *Über Rechtfertigung. Eine Versuchung.* Reinbek: Rowohlt 2012.

Weil, Simone: *Zeugnis für das Gute. Spiritualität einer Philosophin,* hg. v. Friedhelm Kempf. Zürich/Düsseldorf: Benziger 1998.

Weingartner, Paul: „Regressus ad infinitum und Zufall als Kritikpunkte an Gottesbeweisen und am Schöpfungsgedanken." In: Anglberger/ Weingartner: *Neuer Atheismus,* 199–222.

Weisheipl, James: *Thomas von Aquin. Sein Leben und seine Theologie.* Graz: Styria 1980, 293–294.

Wendel, Saskia/Schärtl, Thomas (Hg.): *Gott – Selbst – Bewusstsein. Eine Auseinandersetzung mit der philosophischen Theologie Klaus Müllers.* Regensburg: Pustet 2015.

Werbick, Jürgen: *Gott verbindlich.* Freiburg: Herder 2007.

Wilson, Edward O.: *Biologie als Schicksal. Die soziobiologischen Grundlagen des menschlichen Verhaltens.* Frankfurt/Berlin/Wien: Ullstein 1980.

Zweites Vatikanisches Konzil, Dogmatische Konstitution über die göttliche Offenbarung *Dei Verbum* (1965). In: Karl Rahner, Herbert Vorgrimler: Kleines Konzilskompendium. Freiburg: Herder ⁶1969.

Zweites Vatikanisches Konzil: Die Erklärung über das Verhältnis der Kirche zu den nichtchristlichen Religionen *Nostra aetate* (1965). In: Karl Rahner, Herbert Vorgrimler: Kleines Konzilskompendium. Freiburg: Herder ⁶1969.

Zweites Vatikanisches Konzil, Dekret über die Missionstätigkeit der Kirche *Ad gentes* (1965). In: Karl Rahner, Herbert Vorgrimler: Kleines Konzilskompendium. Freiburg: Herder ⁶1969.

Quellen

Seite 25, Fußnote 4: Delbrêl, Madeleine, Christ in einer marxistischen Stadt, zit. nach der Übersetzung von Hans Urs von Balthasar: Madeleine Delbrêl, Wir Nachbarn der Kommunisten Johannes Verlag, Einsiedel 1975, S. 194: „Dieses Leiden des Herrn wird uns klarmachen, dass unser christliches Leben ein Schreiten zwischen zwei Abgründen ist. Der eine ist der ermessbare Abgrund des Verworfenseins Gottes durch die Welt. Der andere ist der unauslotbare Abgrund der Mysterien Gottes."

Seite 25: Madeleine Delbrêl: Gott einen Ort sichern. Texte-Gedichte-Gebet. Ausgewählt, übersetzt und eingeleitet von Annette Schlenzer. (Topos Taschenbücher Band 1222) © Matthias Grünewald Verlag der Schwabenverlag AG, Ostfildern, 5. aktualisierte Auflage 2018, S. 25–26.

Seite 37, Fußnote 45: Diese Ausführungen finden sich in: Rahner: Gnade als Freiheit; zit. nach: Lehmann, Karl/Raffelt, Albert (Hg.): Karl Rahner-Lesebuch. Freiburg: Herder 2004, S. 142; Karl Rahner, Gnade als Freiheit © 1968 Verlag Herder GmbH, Freiburg i. Br.

Seite 28, 29: André Frossard, Gott existiert, Aus d. Französischen übersetzt von L. van Schaukal, © 1972 Verlag Herder GmbH, Freiburg i. Br.

Seite 82: Joseph Ratzinger, Einführung in das Christentum © 2000, Kösel-Verlag, München, in der Penguin Random House Verlagsgruppe GmbH.

Seite 104: Eberhard Jüngel: Gott als Geheimnis der Welt. Zur Begründung der Theologie des Gekreuzigten im Streit zwischen Theismus und Atheismus © Mohr Siebeck Tübingen 2010. S. 470–71.